2026
대중의 결핍 코드
외로운 개인
동반자 AI

2026
대중의 결핍 코드

외로운 개인 동반자 AI

윤덕환 지음

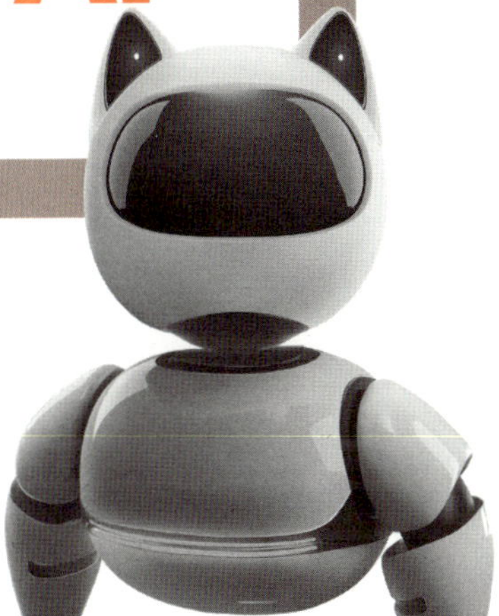

서문

일상에 스며든 조용한 AI 혁명, 접점 없는 초개인화 시대

'희망(Hope)'은 위험한 단어일까? 평범한 일상에서라면, 아니다. 희망은 삶을 버티게 하는 가장 강력한 감정이자 인간을 앞으로 나아가게 하는 힘이다. 그러나 때로는 이 단어가 무겁고 잔혹하게 다가오는 순간이 있다. 영화 〈쇼생크 탈출〉에서 앤디 듀프레인의 친구 레드는 "희망은 위험하다"라고 단언한다. 희망은 사람을 미치게 만드는 독(毒) 같은 것이라고 말한다. 왜냐하면 감옥 안에서는 희망이 곧 자유를 꿈꾸게 만들고, 자유는 도달할 수 없는 세계이기 때문이다. 닿을 수 없다는 사실이 오히려 사람을 절망하게 한다. 이 감옥이라는 공간(context)

에서 '희망'은 일상을 지탱하는 힘이 아니라, 잔혹한 고통으로 변한다.

감옥이라는 공간은 일상적인 자유를 철저히 제약한다. 스스로의 의지로 행위할 수 없고, 사소한 결정조차 간수의 허락 없이는 불가능하다. 생리적 욕구조차 통제받는 곳에서 자유는 몇 배로 무겁게 다가온다. 바로 그 극단적인 결핍 속에서, 희망은 아이러니하게도 더 강렬해진다. 좁은 독방에 갇히면 넓은 세상이 더 선명해지고, 높은 담장 안에 있으면 바깥의 바다가 더 푸르게 빛난다.

〈쇼생크 탈출〉은 결핍이 인간을 어떻게 변화시키는지를 상징적으로 보여준다. 앤디 듀프레인은 매일 같은 일상을 견디면서도 희망을 포기하지 않는다. 레드가 "희망은 위험하다"라고 경고할 때조차, 앤디는 자유를 향한 욕망을 버리지 않는다. 그는 담장 너머의 삶을 상상하고, 바다 건너 멕시코의 작은 마을을 그리며, 결국에는 자유를 손에 넣는다. 이 장면은 우리에게 중요한 사실을 일깨운다. 사람은 답답한 현실일수록 더 강하게 '다음'을 꿈꾼다는 것이다.

인간은 결핍 상태에 놓일수록 그 결핍을 벗어나려는 강한 욕망을 품는다. 이런 차원에서 결핍은 단순히 불편함이 아니다. 결핍은 새로운 가능성을 향한 강력한 에너지가 된다. 감옥이 억압적일수록 자유는 더 간절해지고, 고립이 깊을수록 연결을 향한 욕망은 더 강해진다. '결핍'이야말로 트렌드를 형성하는 심리적 토대다.

인류는 오래전부터 미래를 알고자 했다. 별자리와 점술, 제사와 주술, 오늘날의 데이터와 인공지능(AI)까지, 예측은 늘 가장 값비싼 상품이었다. 그러나 역사가 반복해서 보여주듯, 미래는 정확히 예언될 수 없다. 우리가 진정 읽어야 하는 것은 사건의 발생이 아니라 지금 대중이 무엇을 결핍으로 느끼고 있는가다.

뇌는 본능적으로 '다음 상황'을 예측한다. 사회 역시 마찬가지다. 결핍을 발판 삼아 움직인다. 기술이 미래를 결정하는 것처럼 보이지만, 실제로는 대중의 선택이 기술의 운명을 바꾼다. 스마트폰이 일상을 지배하게 된 것도, 인공지능이 업무의 기본 도구가 된 것도 기술 그 자체 때문이 아니다. 결국은 대중이 그것을 필요로 하고 받아들였기 때문이다.

이 책은 바로 그 결핍의 지도를 그리고 있다. Part 1에서는 예측 욕망의 역사적 기원을 살펴보고, 인간의 뇌가 가진 '예측 본능'과 연결하며, 우리가 실제로 무엇을 예측할 수 있는가를 묻는다. 동시에 2015년부터 2025년까지 한국 사회를 지배한 결핍의 흐름을 리뷰한다. 천만 영화 〈부산행〉의 흥행이 단순한 좀비 스릴러가 아니라 사회적 불안을 반영한 영화였다는 점, '욜로의 시대'와 '1인 체제'의 부상, 외로움이라는 감정의 확산, 정체성의 혼란과 통제감의 팽창까지. 이 10년은 사건의 나열이 아니라, 하나의 결핍이 또 다른 결핍으로 이어지는 연속의 과정이었다.

Part 2에서는 2025년 이후 대중의 결핍과 한국 사회의 방향을 전망한다. 닫히는 사회성과 타인에 대한 과잉 경계, 외로움에 파고든 AI 관계의 재설정, 분노의 상업화와 AI가 편집한 맞춤 세상, 효율적 과시소비, 정체성 탐구와 앙가주망(engagement, 개입과 실천), 리더 없는 조직과 피드백 절벽 시대, 그리고 AI와 함께 일하는 인간 경쟁력의 귀환까지. 주제는 달라 보이지만, 그 밑바닥에는 언제나 결핍이 만들어 내는 욕망의 힘이 놓여 있다.

이 책은 점이나 운세처럼 미래를 단정적으로 말하지 않는다. 대신 오늘을 살아가는 우리의 마음을 거울처럼 비추며, 그 속에서 다가올 사회의 움직임을 포착하려 한다. 〈쇼생크 탈출〉의 앤디가 좁은 감옥 속에서 오히려 더 큰 자유를 꿈꾸었던 것처

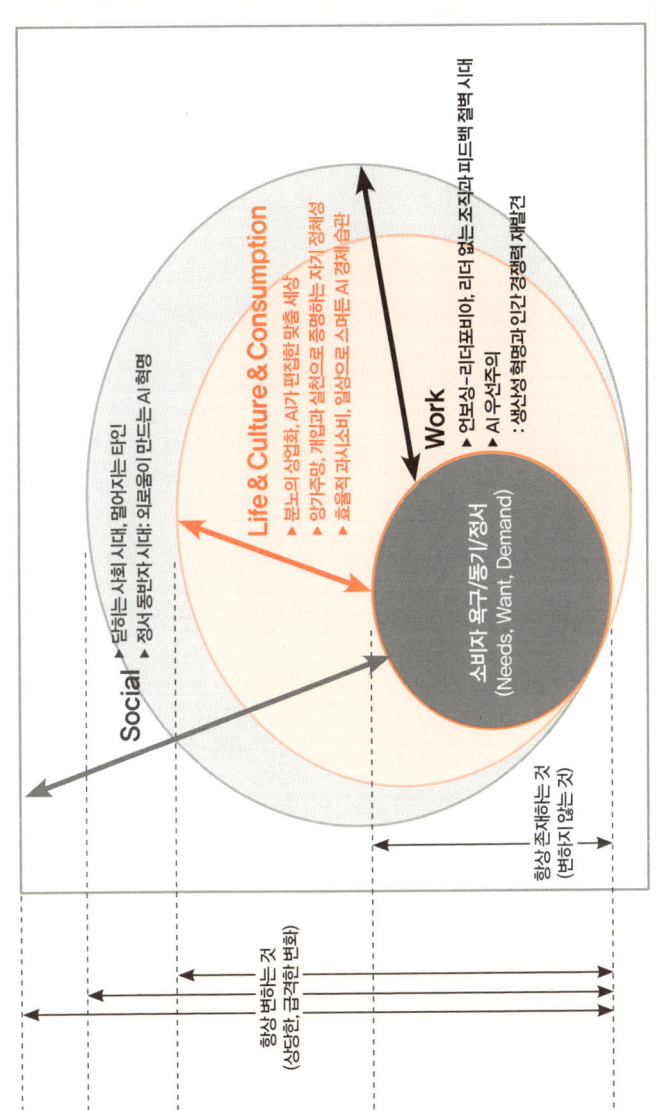

[자료 1] 한국 사회 트렌드

럼, 트렌드는 우리 시대의 집단적 결핍이 만들어 내는 탈출의 에너지다.

〈Chapter 0. 점, 운세, 그리고 트렌드〉편은 미래를 예측하려는 인간 욕망의 기원과 현재에 이르기까지 과정을 다룬다. 그리고 예측하고자 하는 인간의 욕망은 뇌의 본능과 유사한 것이며, 실제로 예측을 하기 위해서 무엇에 집중해야 하는가에 대한 내용을 집중적으로 설명한다. 또한 2016~2025년의 10년 기간 동안 어떤 사회적 변화가 전개되어 왔는지를 정리한다.

〈Chapter 1. 닫히는 사회, 멀어지는 타인〉편은 새로운 진보 정부가 들어섰지만, 역설적으로 한국 사회는 보수화되고 있는 여러 정황적 팩트를 정리해서 소개한다. 핵심은 타인에 대한 태도이고, 타인의 무관심이 계속 증가하고, 이에 따라 관용도 함께 줄어들고 있는 현상이 핵심이다. 이것은 향후 정부의 복지정책이나 진보적인 정책적 실행에 상당한 부담이 될 수 있음을 정리하고 있다.

〈Chapter 2. 정서 동반자 시대: 외로움이 만드는 AI 혁명〉편에서는 현재 20~30대를 중심으로 유행하고 있는 유언장 미리 쓰기와 셀프 부양의 의미를 짚어본다. 두 가지 모두 자신의 삶을 주변에 도움 없이 스스로 종결하려는 욕구의 발현인데, 이 현상의 기반이 되고있는 '외로움'의 문제를 본격적으로 나눈다. 이 외로움의 문제는 AI가 급격하게 일상에서 활용이 되는 중요한 토대가 되는데, 이렇게 되면 인간관계를 실제 환경에서 훈련할 기회는 더욱 줄어들고, AI는 일상에 더욱 빠르게 확산하게 될 전망이다.

〈Chapter 3. 분노의 상업화, AI가 편집한 맞춤 세상〉편에서는 최근 유행하고 있는 '저주 인형'의 판매와 여기서 나타나는 인간관계의 미성숙한 대처에 대한 부분을 다룬다. 그리고, 더 나아가 이런 인간관계의 미성숙이 10대를 넘어, 20대, 30대에도 만성화되고 있는 현실의 문제를 지적한다. 공통적으로 인간관계에서 '적절한 좌절' 경험이 생략되었기 때문으로 보인다.

〈Chapter 4. 효율적 과시소비, 일상으로 스며든 AI 경제 습관〉편에서는 불황이 되면서 자신이 가지고 있는 돈과 시간이라는 한정된 자원을 최대한 '효율적'으로 사용하는 소비자들의 '스마트한' 소비 방법을 분석한다. 불황이라는 환경이 스트레스가 되기보다, 오히려 개인의 니즈를 가성비 있게 최적화하는 방법을 활용하게 하는 상황이 되고 있다.

〈Chapter 5. 앙가주망, 개입과 실천으로 증명하는 자기 정체성〉 편에서는 대통령 선거 결과가 나온 직후 베스트셀러의 분위기가 급변한 것의 내용과 의미를 다룬다. 2023년과 2024년의 베스트셀러 트렌드와는 현저하게 달라진 2025년 6월부터의 분위기를 해석하고, 향후 콘텐츠가 어떤 대중의 욕망을 담고 있는지를 분석한다.

〈Chapter 6. 언보싱-리더포비아, 리더 없는 조직과 피드백 절벽 시대〉 편에서는 '리더'가 되고 싶지 않고, '승진'을 반납하고 있는 2030세대의 조직생활 이야기를 담고 있다. 현재 직장인들은 앞으로의 조직생활에서 '책임'을 늘리고 싶어 하지 않고, '얇고, 안정적인' 조직생활에 스스로 만족한다. 이 경향은 건강 관리의 새로운 트렌드와 직접적으로 연결된다.

〈Chapter 7. AI 우선주의: 생산성 혁명과 인간 경쟁력 재발견〉 편에서는 AI가 대중의 일상에 소개되고, 업무 현장에 도입된 지 불과 2년여 만에 급속도로 활용도가 올라가고 있는 조직생활에 대해 분석한다. 현재 대한민국은 세계적으로도 AI의 활용도가 매우 높은 편이다. 그런데, 이런 개인적 활용에도 불구하고 높은 생산성은 역설적으로 조직에서의 '속도의 압박'이 될 수도 있다.

많은 연구기관이 현재 한국의 경제 상황을 불황이라고 정의한다. 불황이 되면 사람들은 소비를 줄이는 것 이상으로 다양한 사회적 행동 변화를 보인다. 인간관계를 축소하고, 외부 활동을 줄이고, 의식주 소비를 재조정하며, 늘 우선순위를 고민하게 된다. 과거라면 이 모든 것은 고통으로만 남았을 것이다. 그런데 이런 상황 속에서 사람들 눈에 AI가 들어왔다.

AI는 우리에게 새로운 방식의 적응법을 제안한다. "스트레스 받지 말라"고 위로해 주고, 상담자가 되어주며, 우선순위를 새롭게 설계해 준다. 비싸지 않은 스마트한 쉴 공간과 활동, 여행을 추천해 주고, 학습과 일을 관리하며, 합리적 소비의 길을 안내한다. 마치 개인만을 위한 비서이자 코치처럼 작동한다.

AI가 본격적으로 확산된 지 불과 3년, 한국 사회의 불황은 역설적으로 사람들에게 AI를 더 적극적으로 활용하게 만드는 배경이 되고 있다. 눈에 띄는 것은 AI로 촉발되는 엄청난 변화는 일상에 '숨어있다'는 것이다. AI가 제공하는 솔루션이 철저히 개인화되어 있기 때문에 나에게 제공하는 여행상품, 학습계획, 생활습관 조건, 업무 솔루션은 내 주변 동료와 전혀 다르고, 내 가족 누구와도 같지 않다. 완전히 다른 정보가 맞춤형으로 제공된다. 이 변화는 매우 의미심장하다. AI가 제시하는 해법은 공유되지 않는다. 오직 개인에게 맞춰진다. 그래서 AI 활용은 혁명적으로 늘어나지만, 그 혁명은 조용하게, 일상 속에 아주 깊숙이 스며든다. 한국 사회는 지금 조용하지만 혁명적으로 급진하고 있다.

◆◆◆

이 책은 저자가 참여한 대중의 삶을 읽는 18번째 책이자, 공저가 아닌 단독 저작으로는 첫 번째 책이다. 매년 당대의 일상을 기록하는 마음으로 써왔지만, 이번에는 더욱 치열하게 대중의 삶의 결핍을 탐구하고자 했다. 온전히 이 책에 대한 책임을 독박(?)으로 져야 하기 때문이다. 나는 이 책을 통해 트렌드를 단순한 유행 분석이 아닌, 한국 사회의 집단 심리와 정치·사회·문화 전반을 읽는 앵커(anchor)로 제시하려 한다.

책의 집필 과정은 때로는 일기를 쓰는 것처럼 사소하고 개인적인 순간의 기록이었고, 때로는 현장에서 수집한 수많은 데이터와 인터뷰, 강연 경험을 모아내는 집단의 기록이었다. 독자들이 이 책에서 타인의 삶을 들여다보고 위로와 공감을 얻는다면, 그것이야말로 가장 큰 보람이 될 것이다.

오랜 시간 함께한 시크릿하우스의 전준석 대표와 황혜정 부장에게 깊은 감사를 전한다. 의리와 존경의 마음을 담아, 늘 곁에서 응원해 준 이들에게 이 책을 바친다.

2025년 10월

윤덕환

──── **차례** ────

서문 | 일상에 스며든 조용한 AI 혁명, 접점 없는 초개인화 시대 ▪ **5**

Part 1.
기술이 아니라 대중의 결핍이 트렌드가 된다

Chapter 0. 점, 운세 그리고 트렌드

'미래'를 알고자 하는 본능적 욕망의 시장 ▪ **27**

트렌드는 예언이 아니라, 당대를 살아가는 대중의 태도 ▪ **31**

사람들이 어떤 방향으로 움직이는지 이해하는 지름길 ▪ **33**

기술의 변화가 아니라, 대중의 선택이 미래를 결정한다 ▪ **38**

미래는 당신의 마음(?)속에 있다 ▪ **41**

뇌의 예측 본능 ▪ **45**

사람들은 지금 어떤 욕구를 가장 강하게 느끼고 있는가 ▪ **48**

대중의 결핍이 트렌드가 된다: 한국 사회 10년 트렌드 리뷰 ▪ **53**

Part 2.
2026년 한국 사회 대중의 결핍 코드

Chapter 1. 닫히는 사회, 멀어지는 타인

한국 사회는 보수화되고 있다 • **75**
차별과 갈등이 더 커지고 있다: 핵심은 '타인'에 대한 태도 • **81**
나를 향한 노이즈는 캔슬, 내가 발생시키는 노이즈는 노캔슬 • **88**
결핍 추적자의 전망 3 • **92**

Chapter 2. 정서 동반자 시대: 외로움이 만드는 AI 혁명

유언장 미리 쓰기와 셀프 부양이 의미하는 것 • **105**
외로움의 습격, 몸과 마음을 해친다 • **108**
외로움은 돈이 된다 • **112**
결핍 추적자의 전망 3 • **117**
관계 경제의 탄생 • **127**

Chapter 3. 분노의 상업화, AI가 편집한 맞춤 세상

저주 인형이 유행하는 이유 ▪ 133

절대적으로 부족한 인간관계 경험 ▪ 135

인간관계의 양을 늘려준다고 해결될까? ▪ 136

적절한 좌절과 갈등 회피가 가져오는 정서적 면역력의 약화 ▪ 138

청소년기의 미성숙이 성인의 회피 전략으로 이어지고 있다 ▪ 140

결핍 추적자의 전망 5 ▪ 141

극단적 감정 소비와 인간관계의 위기 ▪ 156

Chapter 4. 효율적 과시소비, 일상으로 스며든 AI 경제 습관

AI를 활용한 듀프 여행의 부상 ▪ 161

불황에 더 성장하는 가성비 시장 ▪ 167

라이프스타일이 된 구독경제 ▪ 169

결핍 추적자의 전망 5 ▪ 172

Chapter 5. 앙가주망, 개입과 실천으로 증명하는 자기 정체성

베스트셀러, 대중의 갈망을 엿보다 ▪ **195**

사회의 집단적 관심사를 압축한 기록 ▪ **200**

진짜와 가짜를 가르는 기준 ▪ **203**

'개입과 실천'을 통한 자기 증명 ▪ **206**

결핍 추적자의 전망 3 ▪ **211**

Chapter 6. 언보싱-리더포비아, 리더 없는 조직과 피드백 절벽 시대

리더가 되지 않아도 괜찮아 ▪ **223**

'리더 되기'를 두려워하는 이유 ▪ **226**

리더보다 혈당 관리, 저속노화 ▪ **230**

결핍 추적자의 전망 4 ▪ **234**

어떻게 리더가 되고 싶은 환경을 만들 것인가? ▪ **249**

Chapter 7. AI 우선주의: 생산성 혁명과 인간 경쟁력 재발견

이제, 'AI 스마트워크'는 디폴트 옵션 ▪ 253

AI 우선주의, 직장 문화의 대변혁 ▪ 256

K-직장인들의 압도적인 'AI 집중 활용력' ▪ 258

단순 반복을 넘어 창의적 기획 확장까지 ▪ 260

효율성의 그림자: 속도의 압박 ▪ 261

AI가 대체할 수 없는 것: 소통, 협업 그리고 창의성 ▪ 263

결핍 추적자의 전망 4 ▪ 265

맺음말 | 침묵의 혁명 이후의 삶: AI 일상화 시대를 살아가는 인간의 선택 ▪ 281
주 ▪ 286
참고도서 ▪ 295

Part 1.

기술이 아니라 대중의 결핍이 트렌드가 된다

Chapter 0.
점, 운세 그리고 트렌드

기술결정론, 뇌의 예측 본능,
중요한 것은 대중의 태도와 결핍

'미래'를 알고자 하는
본능적 욕망의 시장

고대 바빌론의 밤. 왕은 어김없이 점성술사를 부른다. "오늘 별, 뭐래?" 점성술사는 긴장한다. 별을 본다. 대답한다. "별이 전쟁을 말합니다." 왕은 고개를 끄덕인다. 전쟁이다. 왕의 명령이 내려간다. 다른 날. 점성술사의 얼굴이 굳어진다. "오늘 별이 침묵합니다." 결혼식, 연기다. 나라의 대사도 별 한마디에 멈춘다.

왕에게 별은 신의 문자다. 밤하늘에 적힌 비밀. 하지만 별은 아무 말이 없었다. 끝까지 침묵한다. 빈칸이 생긴다. 인간이 그 빈칸을 대신 채운다. 그리고 언제나 그 해석은 값비싼 상품이 되었다.

인류는 오래전부터 '내일'을 팔아왔다. 어떤 이는 하늘의 별을 해석해 주었고, 또 어떤 이는 길흉화복을 점쳐 주었다. 이 직업의 이름은 바로 점성술사였다. 사람들은 알 수 없는 내일에 대한 두려움 때문에 그들의 말을 귀 기울여 들었다. 미래는 곧 장사가 되었고, 예측은 곧 거래가 되었다.

기록을 보면 인류 최초의 직업은 매춘부와 사냥꾼이라고 알려져 있다. 실제로 고대 서사시인 〈길가메시 서사시〉(기원전 약 2100년경)에는 매춘부와 사냥꾼이 직업으로 묘사되어 있다. 하지만 못지않게 오래된 직업이 바로 점성술사였다. 학자들의 연구에 따르면 점성술은 이보다 훨씬 이전부터 존재했다고 한다. 고고학적 증거에 따르면 인류는 약 2만 5,000년 전부터 달과 별의 움직임을 기록하며 계절과 삶의 리듬을 점쳤던 흔적을 남겼다. 동굴 벽화와 고대 석기 도구에 새겨진 점과 선들은 단순한 장식이 아니라, 달의 주기와 별자리의 변화를 기록한 일종의 달력이었다고 해석된다.

권력자들은 일찍부터 점성술을 독점했다. 왕과 제사장은 별의 움직임을 해석해 전쟁의 시기, 농사의 시작, 제사의 날짜를 정했다. 점성술사는 그 대가로 막강한 권력자의 신임을 얻고 막대한 특권을 누렸다. 이들은 단순한 예언자가 아니라, 국가의 운명을 결정하는 자리에 가까웠다. 고대 바빌로니아에서는 왕의 곁에 반드시 점성술사가 있었고, 고대 이집트에서는 파라오가 나일강 범람 시기를 알기 위해 천문을 관측하게 했다.

결국 미래에 대한 정보는 언제나 값비싼 상품이었다. 알 수 없는 내일을 알고 싶다는 인간의 욕망은 권력과 부의 원천이 되었다. 별의 해석은 단순한 취미나 지식이 아니라 생존과 직결된 전략적 자산이었다. 지금의 금융시장 정보가 큰돈을 움직이는 것처럼, 고대 사회에서는 하늘의 징조가 곧 세상을 움직이는 정보였던 셈이다.

오늘날도 상황은 크게 다르지 않다. 주식 시장에서의 경제 전망 보고서, 부동산 시장의 예측 데이터, 그리고 인공지능이 분석하는 빅데이터 예측까지 모두 '현대판 점성술'이라고 부를 수 있다. 과거의 권력자가 별을 독점했다면, 지금의 권력자는 데이터를 독점한다. 고대 점성술사가 왕의 곁에서 특권을 누렸듯이, 오늘날의 투자은행 애널리스트나 글로벌 IT 기업의 데이터 과학자는 막대한 영향력을 발휘한다.

예컨대 미국 월가에서는 한 줄짜리 경제 전망 보고서가 수십억 달러의 자금을 움직인다. 한국에서도 부동산 시장 전망 보고서가 발간되면, 다음 날 매수세와 매도세가 동시에 요동친다. 더 나아가 구글, 메타, 아마존 같은 기업들은 사용자들의 검색 기록과 행동 데이터를 분석해 '내일의 소비'를 예측하고, 이를 광고에 활용한다. 이 과정에서 데이터 자체가 새로운 권력이 되었고, 이를 독점하는 기업들은 현대 사회의 '디지털 점성술사'라 불러도 과언이 아니다. 과거에는 하늘의 별이 내일을 팔았고, 지금은 알고리즘과 데이터가 내일을 판다. 시대는 달라졌지만 '내일을 알고 싶다'라는 인간의 욕망은 여전히 거대한 시장을 만든다.

세월이 흘러도 미래를 알려고 하는 사람들의 본능적 욕망은 그대로 있다. 현재 한국의 사주·운세 시장은 약 1조 4천억 원 규모다.[1] 골목의 점집, 앱스토어의 별자리 운세 앱은 여전히 잘 팔린다. 오늘도 우리는 라테 한 잔 값으로 내일의 길흉을 사들인다. 미래를 알고자 하는 욕망은 '트렌드'라는 다른 이름으로도 확장됐다. 그래서 사람들은 종종 트렌드를 '미래를 예언하는 방법'과 자연스럽게 연결해서 생각한다.

트렌드는 예언이 아니라,
당대를 살아가는 대중의 태도

사람들은 사실 '트렌드(추세)' 그 자체보다 당장 내 앞에 어떤 일이 닥칠지를 궁금해한다. 다시 말해, "앞으로 세상에 어떤 일이 일어날까?"라는 질문보다 "내일 나에게 어떤 일이 벌어질까?"라는 질문에 훨씬 더 관심이 많다. 그래서 사람들은 노스트라다무스식의 '화끈한 예언'을 기대한다. "○○년 ○월 ○일 전쟁 발발", "○○년 ○월 ○일 계엄령 선포", "○○년 ○월 ○일 주가 대폭락", "○○이 뜬다!"와 같이 정확한 날짜와 사건을 짚어내 주기를 바란다. 그래서 지금도 많은 이들이 결혼 날짜를 길일(吉日)에 맞추고, 이사할 때 손 없는 날을 택한다. 심지어는 특정한 날에 중요한 사람을 만나거나 중요한 결정을 내리려 한다. 어떤 경우에는 권력자들이 특정 사건을 모의(?)하는 데조차 이런 예언적 관습이 영향을 주기도 했다.

그러나 현실에서 트렌드가 제공하는 정보는 이러한 기대와는 거리가 멀다. 트렌드는 '구체적인 사건의 예언'이 아니라, 지금 이 시대 사람들이 무엇을 중요하게 여기고 어떤 방향으로 움직이고 있는지를 보여주는 집단적 '태도의 기록'에 가깝다. 다시 말해, 트렌드란 사건을 예고하는 점술이 아니라 사회 전체의 기류와 흐름이 담겨있는 기록이다. 따라서 트렌드로는 '○○년 ○월 ○일 무슨 사건이 일어난다'라는 식의 점술적 예언은 불가능하다. 실제로 2020년, 전 세계인의 일상을 뒤흔든 코로나19 팬데믹을 사전에 예언한 트렌드 책은 존재하지 않았다. 마찬가지로 2024년 12월 3일, 대한민국에서 계엄령 선포라는 충격적인 사건을 예측했던 트렌드 책 역시 당연히 없다. 트렌드가 보여주는 것은 언제나 "지금 대중이 어떻게 생각하고, 어떤 태도로 살아가고 있는가?"라는 흐름일 뿐이다.

그렇다면 앞일을 예언하는 데에 별 효용이 없어 보이는 이 '대중의 태도'를 읽는 것이 무슨 의미가 있을까? 당대의 집단적 태도를 이해하는 것은 '갑작스러운 사건'을 예언할 수는 없지만, 그 사건이 벌어진 '이후' 사회가 어떻게 반응하고 어떤 흐름으로 전개될지를 이해하는 데 중요한 단서를 제공한다. 왜냐하면 트렌드란 언제나 '사건(이벤트)'과 '태도(attitude)'의 상호작용에서 나타나기 때문이다. 사건은 갑작스럽게 발생하지만, 그 사건이 사회에 남기는 흔적과 파장은 사람들이 가진 태도와 만나면서 방향을 결정한다.

예를 들어 보자. 2020년 1월, 코로나19 팬데믹이 시작되었을 때만 해도 국제사회에서 한국의 대응은 좋지 않다는 평가가 많았다.[2] 일부 외신들은 "한국은 선진국 대열에 들어섰지만, 팬데믹 대응에서는 여전히 아마추어적이다"라고 평가했다. 그러나 불과 몇 달 뒤 상황은 완전히 달라졌다. 2020년 5월, 미국의 여론조사 기관 〈퓨 리서치 센터〉가 미국 성인 1만 957명을 대상으로 조사한 결과,[3] 한국의 코로나 대응을 '매우 잘했다'라고 평가한 응답이 25%였다. 당시 '대응을 가장 잘했다'라고 알려진 독일이 15%였던 것을 감안하면, 한국은 단숨에 세계에서 가장 높은 평가를 받은 나라가 된 것이다. 무슨 일이 있었던 것일까?

사람들이 어떤 방향으로 움직이는지 이해하는 지름길

2020년 5월 24일, 〈뉴욕타임스〉는 전례 없는 1면을 내놓았다. 기사 대신 지면 전체를 코로나19로 사망한 10만 명의 명단으로 채운 것이다. 이는 코로나19 팬데믹이 얼마나 심각한지 경고하기 위한 상징적 시도였다. 그러나 불과 넉 달 뒤, 2020년 9

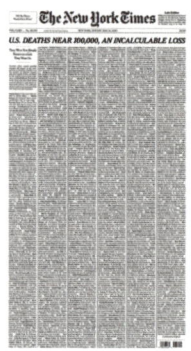 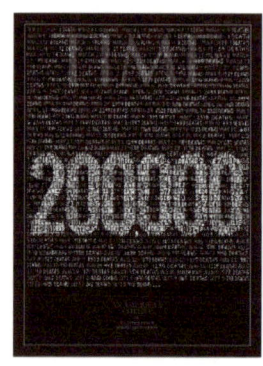

[자료 2] 2020년 5월 24일 〈뉴욕타임스〉 1면(왼쪽)과 2020년 9월 21일자 〈타임〉 표지(오른쪽)

월 21일자 〈타임〉지 표지는 그보다 더 충격적이었다. 사망자가 20만 명에 육박하며 불과 몇 달 사이에 두 배로 늘어난 상황을 적나라하게 보여주었기 때문이다

미국은 사실상 코로나19 대응에 실패했다.[4] 방역 초기부터 혼란이 컸다. 마스크 착용을 두고 정치적 논쟁이 벌어졌다. 일부 주민들은 마스크를 불태우거나 고의로 쓰지 않았다. 거리 두기 권고에도 불구하고 파티를 열거나 대규모 집회를 강행하는 일도 많았다.[5] 감염병 확산을 막는 핵심 정책이었던 '사회적 거리 두기'가 사회적 합의를 얻지 못한 것이다.

유럽도 사정은 크게 다르지 않았다. 스웨덴은 초기에 집단면역 정책을 선택했다. 백신이 나오기 전 확진자가 급증했지만,

정부는 치명률이 예상보다 낮다는 이유로 규제를 최소화했다. 하지만 사망자가 폭발적으로 증가하자 결국 모임을 금지하고 강력한 봉쇄 조치를 취해야 했다. 스웨덴 정부는 공식적으로 '코로나19 대응에 실패했다'라고 인정하기에 이르렀다.[6]

그렇다면 한국은 어땠을까? 한국 사회는 미국이나 유럽과 전혀 다른 길을 걸었다. 정부의 '사회적 거리 두기' 지침이 비교적 충실히 지켜졌다. 식당이나 술자리 모임이 줄었고, 종교활동이나 대면 모임도 크게 감소했다. 그런데 놀라운 사실은 한국인 다수가 이러한 변화에 불편함을 크게 느끼지 않았다는 점이다.

《2021 트렌드 모니터》[7]에 따르면, 사람들과 만남이 줄어든 것을 불편하게 느끼지 않는다는 응답자가 훨씬 많았다. 10명 중 7명은 오히려 불편하지 않다고 답했다. 회식이 줄어든 점을 긍정적으로 평가한 직장인도 많았다. 종교활동을 강제로 하지 않아도 된다는 점에서 '오히려 좋다'는 반응까지 나왔다.

이런 결과는 우연이 아니었다. 이미 한국 사회는 '혼자 생활하는 것'에 익숙해져 있었다. 《2020 트렌드 모니터》[8]가 지적했듯, 당시 한국인의 삶의 태도에서 핵심 키워드는 '외로움'이었다. 사람들은 점점 더 혼자 보내는 시간에 익숙해졌고, 때로는 고립감을 느끼면서도 혼자만의 생활 패턴을 하나의 태도로 받아들이고 있었다. 바로 이 태도가 코로나19 시기에 사회적 거리 두기의 불편함을 최소화하면서 (이미 혼자 지내는 것에 익숙했기 때문에) 견딜 수 있게 한 원동력이 되었다. 외로움이라는 감정은 개인에게 고통일 수 있다. 하지만 한국 사회에서는 그 익숙함이 역설적으로 방역에 유리하게 작용했다.

미국 사회는 '개인의 자유'와 '공동체 안전' 사이의 균형을 잡지 못했다. 공동체보다는 '자신의 불편함만이 강조된 감정'에 집착해 개인이 사회적 합의를 무너뜨렸다. 한국은 달랐다. 사회적 거리 두기를 비교적 충실히 지켰다. 한국인들은 모임이 줄어도 일상에 크게 불편함을 느끼지 않았다. 이미 혼자 생활하는 문화가 자리 잡고 있었기 때문이다. 그 결과, 한국은 상대적으로 팬데믹 초기에 확산을 잘 억제할 수 있었다. 실제로 2020년 한국의 확진자 수는 미국이나 유럽과 비교할 수 없을 정도로 낮았다. 대규모 확산 사태가 있었지만, 신속한 진단검사와 사회적 거리 두기 참여로 확산세를 빠르게 진정시킬 수 있었다.

이 비교는 중요한 시사점을 준다. 팬데믹과 같은 예기치 못한 위기를 돌파하는 데에는 단순한 정책의 집행만으로는 충분하지 않다. 정책을 잘 수용할 수 있는 대중의 태도가 정책 성공을 판가름한다. 즉, '대중이 어떤 생활방식으로 살고 있었는지'를 아는가 하는 것은 정책 입안 직전에 꼭 고려해야 하는 필수 정보다. 미국과 유럽의 국민들은 사회적 거리 두기에 반발했고, 한국은 이미 '혼자 살아가는 태도'가 생활화되어 있었다. 그리고 역설적으로 이 태도가 코로나19라는 초유의 위기를 돌파하는 힘이 되었다. 외부 충격을 맞이했을 때, 당대 대중의 태도를 이해하는 것은 미래를 예측하는 데 무엇보다 중요한 단서가 된다. 한국의 사례는 바로 그 사실을 잘 보여준다.

이것이 바로 트렌드를 읽는 의미다. 트렌드는 사건을 미리 맞히지는 못한다. 하지만 사건이 닥쳤을 때, 그 이후의 사회적 반응과 전개 방향을 가늠할 수 있는 결정적 단서를 제공한다. 다시 말해, 사건의 시작점은 예측 불가능할 수 있어도 사건의 궤적과 결과는 대중의 태도를 통해 일정 부분 예상할 수 있다는 것이다. 따라서 트렌드를 전망한다는 것은 곧 '태도의 지도를 그리는 일'과 같다. 내일 일어날 사건을 맞히려는 시도는 점술에 가깝지만, 오늘 사람들이 가진 태도를 읽어내는 일은 사회가 어떤 방향으로 움직일지를 이해하는 지름길이 된다. 사건은 예측할 수 없어도, 사건 이후를 준비할 수 있는 힘. 이것이 바로 트렌드를 연구하고 읽는 진짜 이유다.

기술의 변화가 아니라, 대중의 선택이 미래를 결정한다

그럼에도 미래에 대한 판단은 중요하다. 어떤 방식으로든 미래를 예측해야 현재의 실행 계획이 가능하기 때문이다. 무엇이 미래를 움직이는 가장 중요한 힘일까? 여러 요인이 있지만, 그중에서도 새로운 과학기술은 늘 한발 앞서 세상을 바꿔왔다. 그래서 미래를 전망한다는 것은 곧 기술의 변화를 읽는 일과 다르지 않다고 주장하는 전문가들도 많다. 기술은 언제나 사회를 변화시키는 중요한 동력이었다. 증기기관, 전기, 인터넷, 인공지능에 이르기까지 새로운 기술의 등장과 발전은 우리의 삶과 일터, 소비 패턴에 근본적인 변화를 불러왔다. 이러한 경험은 기술이 스스로 사회를 이끌어 나가는 것처럼 보이게 한다. 이른바 '기술결정론(Technological Determinism)'이다. 기술이 발전하면 사회가 그에 따라 움직이고, 대중은 자연스럽게 새로운 기술을 받아들인다는 전제다. 하지만 현대의 자본주의 사회에서 이 가정은 쉽게 성립되지 않는다. 기술의 발전이 곧장 대중의 선택으로 이어지는 것은 아니기 때문이다. 소비자 개개인의 선택이 존중되는 민주주의·자본주의 체제에서 기술은 단지 가능성일 뿐이고, 시장에서 살아남기 위해서는 반드시 대중 소비자의 욕구와 선택이라는 관문을 통과해야 한다.

가까운 예로 구글글래스(google glass)를 들 수 있다. 2012년 11월, 구글은 '혁신의 상징'이라 불릴 만한 구글글래스를 세상에 내놓았다. 출시 당시, 이 제품은 전문가들의 큰 주목을 받았다. 스마트폰을 넘어선 차세대 기술이라는 기대가 쏟아졌다. 하지만 기대는 오래가지 못했다. 2년 뒤인 2014년 12월, 상황은 정반대로 바뀌었다. 구글글래스는 '그해의 실패작'으로 선정되었다.[9] 대중 소비자들의 선택을 받지 못한 것이다. 시장에서 자리를 잡지 못했고 더 이상의 제품 생산은 중단되었다. 혁신으로 시작했지만 실패로 마무리된 사례였다. 많은 전문가들이 지적하는 이 혁신기술 제품의 실패 이유는 기능이나 가격 등에서 대중 소비자(사용자)가 아닌 개발자 중심으로 추진되었다는 점을 꼽고 있었다.

새로운 기술력과 아이디어로 초기에는 엄청난 관심을 받고 태어났지만, 그 관심을 이어가지 못하는 상품들은 최근까지도 계속되고 있다. 2024년 2월 큰 대중적 관심을 받고 출시된 애플의 비전프로(Vision pro) 역시 출시된 지 몇 달이 안 돼 판매량은 75% 이상 급락하고,[10] 현재까지도 큰 대중적 반전 없이 관심이 점점 멀어지고 있다. 이런 사례는 오래된 스포츠용품에도 있다. 나이키가 나사(NASA) 기술을 접목하여 출시한 최첨단의 러닝화 '나이키 에어'의 사례도 그랬다. 1978년, 나이키 에어는 첨단기술을 장착한 운동화라는 엄청난 관심을 받고 출시되었지만, 실제 성공은 10년 뒤인 1988년에 미국 사회의 신자유주의 광풍이 불면서 '스스로 단련하는 개인주의' 시대가 되어서야 가능했다.[11] 이 사례는 기술적 혁신성과 소비자 선택 사이의 시차(time lag)를 보여주며, 기술 자체의 우수성이 곧바로 수요를 보장하지 않음을 단적으로 보여준다.

기술결정론은 기술적 진보 자체가 사회 변화를 자동으로 이끄는 동력이 된다는 믿음이다. 증기기관에서 인공지능에 이르기까지, 역사적으로 기술의 발전이 사회를 변화시켜 왔다는 사실은 이 믿음에 강력하게 힘을 실어준다. 그러나 현대 자본주의 사회, 특히 소비자 중심의 민주주의 체제에서는 기술이 반드시 대중의 지지와 선택을 받는 것은 아니다. 즉, 기술은 '가능성'일 뿐이며, 시장에서 살아남기 위해서는 소비자 중심성, 즉 제품-시장 적합성(product-market fit)이 필수적이다. 지금 가장 핫한 기술인 AI 역시 마찬가지다. AI 시대 역시 단지 기술이 등장했다고 세상이 바뀌는 것이 아니라, 대중이 이 AI를 어떻게 활용하고 어떤 이미지를 형성하느냐에 따라 미래가 달라지는 것이다. 이는 AI라는 기술도 여전히 '가능성'으로 등장했지만, 대중과 상호작용하고 함께 형성, 발전, 변화한다.

현대의 자본주의 사회에서 기술의 진보는 당연한 대중의 선택을 수반하지 않는다. 자본주의 시스템하에서의 상업적 기술의 진보는 대중 소비자의 욕구에 기반한다고 볼 수 있다. 따라서, 미래의 변화를 예측하기 위해서 동반되어야 하는 것은 현재의 대중 소비자들이 어떤 미래를 원하고 상상하는가에 대한 정보다. 미래의 변화를 전망하는데 있어서, 대중 소비자들이 그리는 미래상과 미래에 대한 욕구는 구체적인 미래의 상(像)을 그리는 매우 중요한 정보일 수 있기 때문이다.

미래는 당신의 마음(?)속에 있다

트렌드는 갑작스러운 사건이나 깜짝 기술의 등장 그 자체에서 나오지 않는다. 트렌드는 사건과 기술에 반응하는 대중의 태도에서 비롯된다. 왜냐하면 개별 사건과 급진적 기술은 누구도 예측할 수 없는 범위에 있기 때문이다. 하지만 이런 이벤트가 발생하면, 사람들은 반드시 어떤 태도를 취한다. 그 태도가 서로 영향을 주고받으며, 새로운 흐름을 만들어 낸다. 이것이 바로 트렌드다.

누구도 2020년 초에 바이러스가 전 세계를 마비시킬 것이라고 정확히 예측하지 못했다. 그러나 사람들의 태도는 분명하게 나타났다. 사회적 거리 두기를 지키고, 비대면 서비스를 찾고, 온라인 구매를 늘렸다. 그 결과 '비대면 트렌드'와 '언택트 소비', '배달 급증', '구독소비'라는 거대한 변화가 만들어졌다. 이처럼 대중의 태도는 미래를 전망하는 데 핵심적인 요소다.

이 관점을 학문적으로 정리한 사람이 바로 짐 데이터(Jim Dator)다. 1933년생으로, 미래학을 학문적 영역으로 정립한 개척자다. 엘빈 토플러(Alvin Toffler)처럼 대중적 베스트셀러를 내지는 않았지만, 학문적으로는 선구자였다. 세계 최초로 미래학 석·박사 과정을 만든 사람도 바로 그였다. 짐 데이터는 미래학에 대해 다음의 네 가지 정의를 내렸다.[12]

첫째, 미래학은 '미래'를 연구하는 학문이 아니라는 것이다. 왜냐하면 미래는 아직 존재하지 않기 때문이다. 그래서 미래학은 오히려 현재와 과거에 집중한다. 실증적으로 다룰 수 있는 건 바로 지금과 과거뿐이기 때문이다.

둘째, 미래학은 '정확한 예측'이 목표가 아니라는 것이다. 미래는 단일하지 않고, 수많은 가능성으로 열려 있다. 따라서 미래학은 복수의 미래를 상상하고, 그에 맞는 전략을 세우는 데 더 큰 의미가 있다. 예컨대, 기후위기 대응 시나리오도 '온난화가 심각하게 진행될 경우'와 '완화될 경우' 두 가지 이상을 설정해야 한다. 정확히 맞히는 게 아니라 대비의 범위를 넓히는 것이 중요하다는 관점이다.

셋째, 미래학은 숙명론적이지 않다는 것이다. 우리가 미래를 수동적으로 따라가야 하는 것이 아니다. 오히려 현재의 문제를 풀어가는 과정 속에서 미래는 바뀔 수 있다는 것이다. 예를 들어, AI가 일자리를 줄일지 늘릴지는 사회적 선택과 제도적 대응에 달려 있다. 따라서 미래학은 다양한 분야 사람들과 토론하며 대안을 찾아야 하는 열린 학문이다.

넷째, 미래학은 실제 '미래'가 아니라 '미래 이미지'를 연구한다는 것이다. 사람들이 머릿속에 어떤 미래를 그리고 있는지가 중요하다. 왜냐하면 그 이미지가 현재의 행동을 바꾸기 때문이다. 예를 들어, '노후가 불안하다'라는 집단적 이미지가 퍼지면, 연금 저축이나 자산 투자 같은 현재의 행동이 증가한다. 결국 사람들의 태도와 상상이 미래의 실제 모습을 끌어당기는 셈이다. 바로 이 지점이 트렌드 연구와 직접적으로 연결된다. 트렌드란 대중이 현재 어떤 태도를 취하고 있으며, 그 태도가 어떤 미래 이미지를 만들고 있는가를 탐구하는 것이다. 이 관점에서 보면, 트렌드는 단순히 사건의 나열이 아니다. 대중이 '어떻게 반응하는가', 그리고 '무엇을 상상하는가'에서 출발한다.

짐 데이터는 미래학을 단순히 '미래를 정확히 예측하는 학문'으로 보지 않았다. 오히려 미래학은 현재와 과거를 기반으로 한 다양한 가능성을 탐색하고, 대중이 마음속에 그려놓은 미래 이미지가 행동에 어떤 영향을 주는지 연구하는 학문이라고 정의했다. 따라서 미래 전망은 불가피하게 '대중의 태도'를 이해하는 데 초점이 맞춰져야 한다고 주장한다. 왜냐하면 사람들이 현재 어떤 태도를 가지고 있느냐에 따라, 그들이 떠올리는 미래의 이미지가 달라지고, 이것이 다시 행동을 바꾸어 실제 미래를 만들어가기 때문이다.

그렇다면 여기서 자연스럽게 이런 질문이 생긴다. "왜 인간은 '항상' 특정한 미래 이미지를 떠올리고, 그에 따라 행동을 달리하는 것일까?" 그 답은 인간의 뇌에 숨어 있다. 인간은 태생적으로 세상을 예측하려는 본능을 지니고 있기 때문이다.

뇌의 예측 본능

페널티킥을 막는 골키퍼는 공이 키커의 발을 떠나기도 전에 몸을 던진다. 반응만으로는 막을 수 없기 때문이다. 상대 선수의 발끝 각도와 시선을 토대로, 뇌가 미리 '어느 쪽으로 공이 갈 것인가?'를 계산한다. 행동은 '사실'이 아니라 '예측'에서 출발한다. 갈증은 더 흥미롭다. 실제로 물이 몸속에 흡수돼 체내 수분 균형을 맞추는 데는 15~20분가량이 걸린다. 그럼에도 우리는 물을 마시자마자 갈증이 풀린 것처럼 느낀다. 왜 그럴까? 뇌가 미리 '물을 삼켰으니 곧 갈증이 해소될 것이다'라고 예측 신호를 보냈기 때문이다. 신체적 수분 보충이 끝나기도 전에 뇌가 먼저 만족감을 느끼게 하는 셈이다.

이런 사례는 일상에서 너무 많다. 빨간불에서 파란불로 바뀔 순간을 기다릴 때, 사람들은 이미 몸을 앞으로 기울인다. 신호가 바뀌기 전에 뇌가 '이제 곧 건너야 한다'라고 예측하기 때문이다. 면접을 보러 갔을 때, 면접장에 들어서기도 전에 가슴이 두근거린다. 실제 위협이 발생한 것도 아닌데 뇌가 '긴장해야 할 상황이 다가온다'고 미리 몸을 준비시키는 것이다.

소비자 행동도 마찬가지다. 사람들은 신제품을 평가할 때 단순히 기능만 보는 것이 아니다. 과거의 경험, 광고 이미지, 주변 평판을 종합해 '이 제품을 쓰면 어떤 경험이 오겠다'라는 미래 이미지를 예측한다. 실제 경험이 없어도 부정적 예측이 강하게 작동하는 제품이 있다면(예. 사생활 침해) 시장에서 외면당하는 제품이 생기는 것도 같은 맥락이다. 이런 예측이 없다면 우리는 돌발 상황에 전혀 대응하지 못했을 것이기 때문이다.

리사 펠드먼 배럿은 《감정은 어떻게 만들어지는가?》에서 인간의 뇌를 '예측하는 뇌(predictive brain)'라고 정의한다. 우리 뇌는 외부 자극을 받아 단순히 반응하는 기관이 아니라, 늘 앞서서 "무슨 일이 일어날지"를 추측하고, 실제 경험과 비교하며 조정하는 존재라는 것이다. 흥미로운 것은 뇌의 기능에 관한 해석적 영역을 넘어서 물리적으로도 '미래 예측과 관련된 뇌의 부위'가 실제로 존재한다는 것이다. 2007년, 뇌과학자 엘리너 매과이어와 공동 연구진은 기억장애 환자들이 공통적으로 미래를 상상하는데 어려움이 있다는 사실을 발견했다. 이들은 실험에서 기억 형성에 필수적이라고 알려진 뇌 측두엽 속 해마 영역이 손상된 환자 다섯 명을 대상으로 과거의 경험을 떠올리는 능력이 현저하게 떨어져 있음을 알았고, 뒤이은 연구에서 놀랍게도 이 환자들은 미래도 상상할 수 없음을 발견했다. 연구진은 해마 영역이 과거를 회상하는데 관여할 뿐 아니라, 미래를 상상하는 데에도 똑같은 메커니즘이 작동하고 있음을 발견한 것이다.[13] 미래를 상상하는 뇌의 물리적 부위가 실존하고 있었다.

뇌의 이런 기본적 기능은 인간의 학습 과정을 모방한 AI의 기본 기능과 매우 유사하다. 인간은 경험을 통해 패턴을 찾고, 뇌 속 신경망(뉴런)을 연결하며 학습한다. AI 역시 데이터를 입력받아 인공신경망을 통해 패턴을 인식하고, 가중치(weight)를 조정하면서 학습하는 프로세스를 가지고 있다. 인간이 이 과정의 반복과 경험을 통해 기억을 강화하는 것처럼, AI도 반복 학습을 통해 '다음의 일(또는 순서)'에 대한 정확도를 높인다. 이 과정을 통해 AI는 데이터 기반의 확률 계산을 한다. 통계적으로 계산해 가장 가능성이 높은 '다음 단어'를 출력하는 것이다.

우리의 뇌는 단순히 외부 자극에 반응하는 기관이 아니다. 언제나 앞서서 미래를 예측하며, 다가올 상황을 미리 준비시키는 '예측하는 뇌'로 작동한다. 그래서 우리는 실제 경험이 오기 전부터 몸을 움직이고, 감정을 느끼며, 행동을 선택한다. 뇌는 사실보다 항상 한발 앞서며, 미래의 그림을 그려놓고 현재를 그 틀에 맞추는 존재다. 과학적으로 '예언'이란 불가능하다고 사람들이 아무리 외쳐도, 뇌가 미래를 예측하고 미래 정보를 찾는 일은 멈추지 않고 자동적으로 작동한다.

그렇다면 미래 예측은 단순한 정보 탐색이 아니라, 결국 자신이 '무엇을 필요'로 하는지와 연결되는 것이 아닐까? 뇌가 끊임없이 미래를 예측한다면, 우리는 어떤 욕구를 기준으로 그 미래를 상상하는 걸까? 결국 인간은 '지금의 자신이 필요로 하는 것'을 기준으로 미래를 상상한다. 다시 말해, 욕구의 층위가 예측의 틀을 규정한다. 에이브러햄 매슬로(Abraham Maslow)의 욕구 위계론은 이 지점을 설명하는 유용한 틀이다.

사람들은 지금 어떤 욕구를 가장 강하게 느끼고 있는가

에이브러햄 매슬로는 인간의 욕구를 위계적인 몇 단계로 구분했다. 욕구 단계 이론은 인간의 행동 동기를 설명하는 심리학의 대표적 모델로, 생리적 욕구, 안전 욕구, 애정·소속 욕구, 존중 욕구, 자아실현 욕구로 구분된다(자아실현 욕구는 나중에 더 세분화된다). 이 중 '생리, 안전, 소속, 존중'의 네 단계는 결핍 욕구(D-needs)라 부르며, 자아실현은 성장 욕구(being needs)로 분류한다.

매슬로는 결핍 욕구(생리, 안전, 소속, 존중 욕구)를 '가장 근본적이고 우선적이며, 인간 행동에서 가장 강력한 동기'로 봤다. 결핍 욕구가 채워지지 않으면 인간은 불안과 긴장을 강하게 느끼며, 그 결핍을 해소하는 데 모든 에너지와 관심을 쏟는다는 것이다. 그래서 이 결핍 욕구가 어느 정도 충족되어야만 사람들은 성장 욕구, 즉 자기실현에 대한 동기를 느끼기 시작할 수 있고, 그래야 발전이나 성취, 창조 활동을 할 수 있게 된다고 주장했다.

결핍 욕구가 얼마나 강력하게 작동하는지는 실생활에서 쉽게 확인할 수 있다. 굶주린 사람은 예술이나 창의성보다 음식,

성장 욕구
- **자기 초월 욕구** (타인을 돕고 자기 외부의 무엇과 연결되고자 하는 욕구)
- **자아 실현 욕구** (자기 잠재력 발휘)
- **심미적 욕구** (질서, 아름다움, 균형 추구)
- **인지적 욕구** (알고 이해하고자 하는 욕구)

결핍 욕구
- **자존에 대한 욕구** (성취, 인정, 존경, 능력에 대한 욕구)
- **사회적 욕구(소속에 대한 욕구)** (수용, 우정, 친밀감, 관계에 대한 욕구)
- **안전 욕구** (보안, 안정감, 건강, 집, 돈, 일자리에 대한 욕구)
- **생리적 욕구** (공기, 음식, 물, 잠, 온기, 운동에 대한 욕구)

[자료 3] 매슬로의 욕구 단계 이론

물, 잠자리를 우선적으로 탐색한다. 이는 인간 생존의 조건이 갖춰지지 않으면 그 이상의 욕구가 자극되지 않음을 보여준다. 안전 욕구가 결핍된 환경에서는 '고상한' 자아실현 욕구보다는 신체적 안위와 직업적 안정이 더 중요하다. 화재나 자연재해, 전쟁 등 비상 상황에서는 '성장'보다 '생존'이 우선되기 때문이다. 가정이나 집단으로부터 소외된 사람들은 사회적 소속 욕구 충족에 몰두하며, 대인관계 형성이 삶에서 최우선 지향이 된다. 노숙인들이 급식소·쉼터를 찾는 행동, 위기 상황에서 가장 먼저 안전한 장소를 찾는 행동 등은 결핍 욕구가 인간 행동을 얼마나 강력하게 동기화하고 통제하는지 보여준다.

매슬로는 "하위 단계의 욕구가 결핍되면, 그 욕구는 인간의 행동을 지배하게 된다"라고 명확히 밝혔다. 성장의 동기는 결핍이 해소된 뒤에야 진정한 의미를 가지며, 현실에서도 많은 사람들이 결핍 욕구를 해소하기 위해 훨씬 강하게 동기화된다는 것이다.

많은 이들이 매슬로의 욕구 피라미드를 인생의 나침반처럼 인용한다. 하지만 매슬로 자신은 이 단계를 '이상적인 모델'로 제시했지, 모든 사람이 끝까지 올라갈 수 있다고 보지는 않았다. 그는 오히려 자아실현을 평생에 걸쳐 끊임없이 추구하지만, 완전히 달성하기 어려운 상태로 보았다. 다시 말해, 자아실현은 성취라기보다 과정에 가깝다. 이렇게 보는 이유는 아인슈타인, 링컨, 루스벨트 같은 위인들이 매슬로가 연구한 '자아실현인(self-actualizing person)'의 예시이기 때문이다. 결국 자아실현은 보통 사람이 아니라, 시대적·사회적 조건이 맞아떨어진 '특수한 인물의 상태'로 묘사되었다.[14] 애초에 일반 대중에게는 거의 도달 불가능한 목표를 제시했던 셈이다. 냉정한 현실에서는 절대다수의 사람들은 결핍 욕구, 즉 생존과 안전, 관계와 인정 욕구의 문제에서 쉽게 벗어나지 못한다. 불안정한 고용, 경쟁적 사회 구조, 끊임없이 비교되는 성과주의 환경에서 우리는 끊임없이 결핍을 메우는 데 에너지를 쏟는다.

결핍 욕구가 강하게 작동할 때, 사람들의 뇌는 미래를 상상할 때도 결핍 해소에 집중한다. 배고픈 사람은 풍성한 식탁을 먼저 떠올리고, 불안정한 고용에 놓인 사람은 안정된 집과 끊기지 않는 수입을 그린다. 반대로 기본적인 욕구가 충족된 사람은 자아실현이나 창의성, 사회적 인정과 같은 성장 욕구에 기반한 미래를 상상한다.

이 관점에서 보면, 사회의 대중이 당대에 어떤 욕구를 가장 충족하지 못하고 있는지를 확인하는 것이 중요하다. 대중이 어

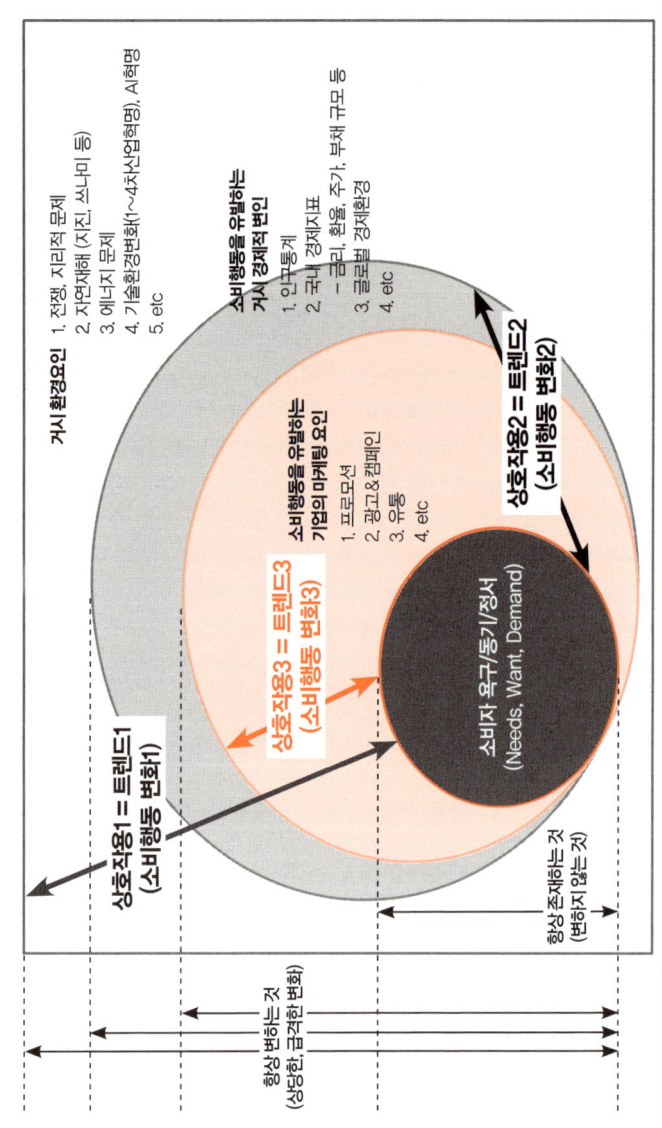

[자료 4] '트렌드'란 '항상 변하는 것'과 '변하지 않는 것(항상 존재하는 것)' 사이의 상호작용이다.

디에서 결핍을 크게 느끼는가에 따라 그 사회가 앞으로 무엇을 요구하고, 어떤 방향으로 움직일지가 결정되기 때문이다. 결국 트렌드를 전망한다는 것은 기술이나 사건 자체를 보는 것이 아니라, 사람들이 지금 어떤 욕구를 가장 강하게 느끼고 있는가를 파악하는 일이다. 현재의 결핍을 읽는 것이 곧 대중의 미래 방향을 읽는 것이다.

대중의 결핍이 트렌드가 된다
: 한국 사회 10년 트렌드 리뷰

대중은 당대에 큰 결핍이 생겼을 때 이를 보완하기 위해서 다양한 경로로 그 결핍을 채우려고 한다. 여기서 '당대의 결핍'이란, '기본적으로 있어야 하는데 지금 시대에 부족해진 것(deficiency, 부족/결핍)이거나, 본래부터 희소한 것인데 지금 시대에 갑자기 필요해진 것(scarcity, 희소/부족/결핍)'으로 정의한다.

예를 들어, 인간은 기본적으로 사회적 동물로 태어난 사회적 본능과 욕구가 있지만, 이 '사회적 욕구'의 충족이 좌절되면(deficiency), SNS 등 다양한 방법으로 이 욕구를 충족하려고 한다.

또 다른 한편, 돈과 시간은 본래도 제한된 자원이었지만(scarcity), '더 필요하게 된 상황(고물가, 고금리, 실업 등)'으로 자신이 할 수 있는 것에 대한 제한이 생기고, 이 통제 욕구의 결핍이 갑자기 더욱 커지는 상황을 뜻한다.

인간은 기본적으로 사회적 동물로서의 본능과 사회적 욕구를 지니고 태어난다. 하지만 이 '기본적인 사회적 욕구'의 충족이 좌절되었을 때(deficiency), 사람들은 SNS, 온라인 커뮤니티, 가상 현실 등 다양한 방법을 통해 간접적이거나 대체적인 사회적 연결을 시도함으로써 이 결핍을 보완하려 한다. 이는 매슬로의 욕구 3단계인 '소속감과 사랑의 욕구(belongingness and love needs)'가 만족되지 않을 경우, 이를 대체하거나 보충하는 수단을 적극 찾아낸다는 것을 보여준다.

다른 사례로, 돈과 시간처럼 본래 제한된 자원(scarcity)이지만 고물가, 고금리, 실업과 같이 상황 변화로 인해 갑자기 더 절실해지는 경우를 생각할 수 있다. 예를 들어, 코로나19 팬데믹 당시 사람들은 화장지나 생필품의 부족 사태로 인해 대대적인 패닉 구매(panic buying)를 일으켰다. 이는 단순히 물자의 부족을 넘어, 심리적 불안과 통제 욕구의 결핍이 행동으로 표출된 경우다.

당대에 어떤 결핍이나 부족함이 사회 전반에 확산될 때, 그

것은 문화예술 작품, 책(특히 상반기 베스트셀러[15]), 영화 등 다양한 창작물에 반영되며 사람들의 선택을 통해 드러난다. 특히 해당 연도의 '천만 관객 영화'가 무엇이었는지를 확인하면 그 시대에 대중이 무엇에 더 몰입했고, 어떤 결핍을 해소하려 했는지를 직관적으로 이해할 수 있다. 예컨대 최근 10년을 돌아보면, 천만 관객을 기록한 한국 영화는 대부분 정치적·사회적·역사적 소재를 다루었다는 공통점이 있다.

2014년에는 〈명량〉이 1,700만 명이 넘는 관객을 동원하며 압도적인 흥행을 기록했고, 같은 해 〈국제시장〉도 1,400만 명을 돌파했다. 2015년에는 〈베테랑〉과 〈암살〉이 모두 천만 관객을 넘으며 큰 반향을 일으켰다. 심지어 청소년관람불가인 정치 드라마 〈내부자들〉도 900만 명이 넘는 관객을 모으며, 사회적 메시지가 흥행에 얼마나 힘을 발휘하는지 보여주었다.

2016년은 이 암묵적 흥행 공식이 깨지는 듯한 매우 이례적인 해였다는 점이 눈에 띈다. 그해 동안 천만 관객을 기록한 한국 영화는 딱 한 편, 〈부산행〉뿐이었다. 〈부산행〉은 7월 20일 개봉 이후 1,156만 명이라는 기록적인 관객 수를 동원했고, 2016년 한국 영화 중 유일한 천만 영화였다.[16]

이렇게 정치·역사·사회적 주제 중심의 흥행 흐름과 달리,

2016년의 흥행 대세는 좀비 재난 스릴러라는 장르 영화였다. 이는 당시 대중의 관심사가 예전에 비해 달라졌다는 점을 시사한다. 한마디로 '사회의 결핍이 무엇이었는가'는 콘텐츠의 선택 기준이 되었고, 그해 최다 관객 동원 영화는 그런 결핍을 반영한 결과라는 해석이 가능하다.

2015~2016년
: 〈부산행〉은 사회성 짙은 '리얼'한 영화였다

좀비를 다루는 스릴러 영화 〈부산행〉은 영화에 등장하는 좀비의 달리기 속도 만큼이나 엄청난 속도로 관객 1천만 명을 기록했다.[17] 왜 이 영화에 이렇게 많은 관객들이 몰렸는지를 이해하려면, 2015년에 우리나라와 중동 몇 개국에만 유행했던 팬데믹 '메르스(mers)'가 던진 공포를 이해해야 한다.

메르스는 치명률이 높지만 전염력이 낮아 세계적 대유행으로 이어지지는 않았다. 그러나 당시 우리나라의 방역 시스템과 감염병 관리 체계가 엉망이어서 이 병을 "낙타에서 전파된 질병"을 넘어, '불특정 다수와의 접촉이 두려운 공포의 병'으로 만들었다. 중동을 다녀와 확진된 첫 환자는 5월 20일에 입국해 6월 4일 메르스 확진 판정을 받기까지 2주 동안 여러 병원을 방문했으나, 방역 당국은 제대로 대응하지 못했다. 이로 인해 17개 병원 간 전염이 발생했고, 확진자 수는 186명, 사망자 수는 약 36명에 이르렀다. 그동안 방역 당국은 아무런 대처가 없었다.[18] 실제 이 병의 사망자 수는 한국이 세계에서 두 번째로 많았다. 2015년 12월 23일에야 공식적으로 메르스 종결 선언이 났고, 그때까지 불안과 제한된 일상이 지속되었다. 이러한 정서적 결핍은 결국 2016년 '욜로(YOLO, You Only Live Once)' 열풍으로 분출되었다. 지금 이 순간을 즐기려는 욕망이 사회 전반에 확산되었던 것이다.

〈부산행〉이라는 '좀비물'의 대흥행은 2015년에 자신이 겪었던 답답함과 두려움이 호기심의 형태로 일시적으로 터져 나온 결과물이었다. 그래서 바이러스 감염으로 촉발된 '가상현실적' 소재를 다룬 부산행은 그냥 좀비물이 아니라, 2015년을 거치면서 투기 세력이 판을 치는 자본시장 문제, 사회구조적 문제, 방역 미비라는 정치사회적 문제, 이기적 개인의 사적 쟁투(爭鬪)라는 이슈들이 복합적으로 투영된 '매우 시의성 강한 사회물' 성격을 띤 영화가 된 것이다. 천만 명의 관객은 〈부산행〉을 보면서 '짙은 리얼리티'를 경험한 것이다.

2016~2017년
: '욜로의 시대'에서 '1인 체제' 시대의 시작

2016~2017년 이후 한국 사회는 메르스 사태의 답답함을 뒤로하고 '욜로의 시대'를 맞이한다. 소비는 타인의 시선을 의식하기보다, 지금 이 순간 자신의 감정에 충실한 즉각적 감정소비가 주도했다. 이러한 흐름은 곧 '1인 체제'라는 견고한 생활방식으로 발전하며, 2016년부터 2019년까지 한국인의 삶과 소비, 인간관계 전반에 큰 변화를 일으켰다.

2017년은 '연결된 고립'이란 말로 설명할 수 있다. 디지털 네트워크를 통해 사람들은 언제든 소통할 수 있었지만, 실제 인간관계의 밀도는 얕아졌다. SNS에서 관계를 맺지만 깊이 없는 소통, 타인의 관심에는 예민하면서도 정작 깊은 교류는 멀어지는 모습이 뚜렷했다. 이와 함께 '나' 중심의 소비가 확산되면서 개인만의 공간을 꾸미는 개인 공간 열풍, 작은 행복을 추구하는 트렌드가 대세가 되었다. 1인 미디어 방송, 1인 독서실, 코인 노래방과 같은 공간과 서비스는 이러한 흐름을 상징적으로 보여준다.

2017~2018년
: 일상 속에서 완성된 1인 체제

2017~2018년에는 개인이 사회적 도움 없이도 충분히 일상을 꾸려갈 수 있는 '1인 체제'가 현실화되었다. 1인 가구는 전체 가구의 29.3%로, 2000년대 초반 대비 두 배 가까이 늘었다. 이에 맞추어 즉석섭취식품과 가정간편식(HMR) 시장이 10년 만에 10배 성장하며, '혼밥'과 '혼술' 문화가 일상으로 자리 잡았다.

또한 무인카페, 무인 편의점, 셀프 세탁소와 같은 언택트 소비가 급속히 확산되며, 관계 또한 효율 중심으로 재편되는 경향이 나타났다. 대표적으로 '카카오톡 선물하기'와 같은 기능적 관계, 1인 여행상품, 공유 오피스 등이 개인화된 일상을 지탱하는 인프라로 자리 잡았다.

2018~2019년
: 자기 통제와 외로움의 공존

2019년은 개인의 자기 통제감이 한층 강화된 시기였다. 스마트홈과 홈 IoT 기술을 통해 집 안의 환경을 스스로 관리할 수 있었고, 사람들은 '내가 직접 컨트롤할 수 있는 것'에 몰두했다. 그러나 동시에, 사회적 존재로서의 인간은 점점 더 외로움을 절실히 경험하기 시작했다.

이러한 결핍을 보완하기 위해 취향 기반의 소모임, 원데이 클래스, 각종 취향 모임이 유행했지만, 그 공허함을 완전히 채우지는 못했다. 그리고 바로 이 시점에 2020년 코로나19라는 거대한 단절이 찾아오며 새로운 국면을 맞이하게 된다.

2019~2020년
: 외로움이라는 거대한 결핍의 등장

1인 체제가 자리를 잡으면서, 동시에 역설적으로 사람들은 외로워지기 시작했다. 그래서 다시 사회적 욕구 충족을 추구하는 방식에 사람들은 관심을 가지기 시작한다. 2019년부터 각종 취향 모임이 유행하며 사람들은 다양한 관심사를 공유하는 새로운 방식의 사회적 교류를 경험했다. 그러나 이 모든 것이 2020년에 코로나19 팬데믹으로 갑작스레 가로막혔다. 팬데믹은 이후 3년 동안 지속되었고, 그로 인해 사회적 거리 두기가 일상화되면서 사람들 간의 직접적인 대면 소통은 사실상 불가능해졌다. 사람들은 필수적인 외출 외에는 외부와의 접촉을 최소화하려 했고, 이로 인해 사회적 욕구가 충족되지 않는 상황이 누적되었다. 사람들은 디지털 네트워크를 통한 비대면 소통에 더욱 의존하게 되었다.

이 시기, '화상통화'의 사용 빈도는 폭발적으로 증가했다. 그동안 휴대전화 내에서 존폐 여부까지 논의되었던 이 기능은 이 시기 새롭게 주목받았다. 사람들이 일상적인 소통뿐만 아니라 직장 내 커뮤니케이션, 친구들과의 만남, 심지어 가족들과의 일상적인 대화까지도 화상통화로 대체하게 되었다. 대표적인 예로 줌(Zoom)과 같은 화상회의 플랫폼은 일종의 의례(ritual)처럼 일상에 자리 잡았다. 많은 직장인들은 줌 회의를 통해 업무를 처리했고, 대학생들은 온라인 수업을 통해 학습을 이어갔다. 기존의 오프라인에서 이루어졌던 일들이 모두 비대면 방식으로 전환되면서, 화상회의는 이제 단순한 소통 수단을 넘어 사람들의 일상적인 의례가 되어버렸다.

또한, 유튜브와 OTT 서비스에 대한 관심이 이전보다도 급증했다. 사람들은 외출을 자제하며 집에 갇히게 되었고, 그 시간이 길어지면서 집에서 즐길 수 있는 콘텐츠에 대한 수요가 폭발적으로 증가했다. 영화, 드라마, 예능 프로그램 등 다양한 장르의 콘텐츠가 OTT 플랫폼을 통해 쏟아져 나오며, 사람들은 더 많은 시간을 화면 앞에서 보내게 되었다. 예를 들어, 넷플릭스와 같은 글로벌 플랫폼뿐만 아니라, 국내 OTT 서비스들 역시 사용자가 급증하며 큰 인기를 끌었다.

그 외에도 배달 서비스가 급성장하며 비대면 소비 문화가 더욱 확산되었다. 음식 배달은 물론 택배, 퀵서비스와 같은 물류 서비스의 수요가 급증했다. 외출 없이 집에서 모든 것을 해결하려는 경향은 단순한 트렌드를 넘어서 새로운 생활방식이 되었다. 특히 음식 배달의 경우, 1인 가구의 증가와 맞물려 배달 앱을 통한 주문이 일상화되었고, 외식 대신 집에서의 '혼밥' 문화가 더욱 확립되었다.

이 시기에는 '가짜뉴스'가 사회적 문제로 떠오르기도 했다. 팬데믹이라는 글로벌 위기 상황에서 사람들은 정보에 대한 불안과 갈증을 느꼈고, 그 결과 허위 정보나 가짜뉴스가 빠르게 확산되었다. 특히 소셜 미디어와 메신저 앱을 통한 가짜뉴스의 전파 속도는 그 어떤 시기보다 빨랐다. 이를 통해 사람들은 정보의 신뢰성에 대한 의문을 가지기 시작했으며, 가짜뉴스가 개인과 사회에 미치는 영향은 심각한 사회적 문제로 대두되었다.

결국, 2020년은 디지털 네트워크와 비대면 소통이 대세로 자리 잡으며, 사람들은 새로운 방식의 소통과 소비를 받아들이기 시작했다. 반면 사회적 고립감과 외로움이 깊어졌고, 사람들은 그 공백을 메우기 위해 점점 더 많은 시간을 온라인에서 보내게 되는 악순환의 고리가 작동했다. 2020년은 단순히 팬데믹이 가져온 사회적 변화뿐만 아니라, 디지털 시대로의 전환을 가속화한 해였다.

2020~2021년
: 정체성의 혼란과 타인으로부터의 자유

2020~2021년은 코로나19의 영향으로 사람들 간의 물리적, 감정적 거리감이 심화된 해였다. 사람들은 타인과의 관계에서 자유로워졌지만, 그로 인해 자신의 정체성을 찾지 못하는 혼란을 겪었다. 팬데믹으로 인해 사람들 간의 거리감이 심해지면서 타인으로부터의 자유를 얻었지만, 동시에 정체성의 혼란을 겪었던 것이다.

MBTI 등 성격유형 검사 앱 사용이 급증하였고, SNS에서는 'MBTI 유형별 대화법', '내향/외향 판별 챌린지' 등 자기 탐색 콘텐츠가 유행했다. 학교, 직장, 소개팅 자리까지 MBTI가 화두가 되었고, 'Guess my MBTI' 스토리, 유형별 패션·먹거리 챌린지는 10대~20대의 소통법이 되었다. 하지만 개인 실험이 반복될수록 충분한 교류가 사라지며, 오히려 정체성 공백이 커지는 아이러니가 나타났다.

2021~2022년
: '통제의 착각' 시대, 통제감의 팽창

2021~2022년은 일종의 통제의 착각인 '슈퍼 개인'이 주목받은 시기였다. 사람들은 기술과 정보의 확장을 통해 자신의 일상, 자산, 투자, 직장생활까지 모든 것을 통제할 수 있다는 믿음을 가지기 시작했다. 내 컨디션(건강 상태)에 따라, 등교, 출근 여부를 결정할 수 있게 되었다. 명분은 충분했다. "주변에 감염을 일으킬 수 있기 때문에"라는 이유라면 대부분의 상황이 승인되었다.

스마트홈 기기 활용과 로보어드바이저(자동 투자) 서비스 가입자 수가 급증했고, 개인 건강·재무·습관 분석 앱이 필수 도구가 되었다. 마케팅은 "나만을 위한" 초개인화 상품에 집중했고, 각종 기록/루틴 앱이나 목표 공유 커뮤니티(예. 하루 만에 1차 실천방)도 인기였다. 동료 소비자들이 함께 상품을 기획하는 '라이크 커머스' 사례에서 볼 수 있듯, 개인 맞춤화와 자율의식이 곧 주류 트렌드가 되었다.

'나'를 중심으로 한 자기 관리와 최적화가 트렌드가 되었고, 이를 통해 개인의 (착각적)통제감은 확장되었다. 청와대 청원게시판을 통해 정치사회의 문제, 부조리의 개선에 적극적으로 의견을 내기 시작했고, 빚을 내어 코인·부동산·주식 시장 등의 투자 시장에 뛰어들기 시작했다. 사람들이 자신의 삶을 계획하고 실행하는 데 있어 더욱 자율적이고 독립적인 태도를 보였고, 이는 '스마트홈', '디지털 자산 관리' 등 다양한 분야에서 확인할 수 있었다.

2022~2023년
: 통제의 방향 전환과 외부 불확실성 인식

2022~2023년에는 외부 상황을 통제할 수 없다는 인식이 확산되기 시작한 해였다. 팬데믹 이후, 정책적 비정상을 정리하면서 금리가 급등하기 시작했고, 이 과정에서 부동산 등의 자산 시장은 급격히 폭락하기 시작했다. "외부의 불확실성은 어쩔 수 없다"라는 인식이 확산되었다. 그래서 사람들은 내 생활의 통제에 집중했고, 대표적으로 '무지출 챌린지'가 일상 실험이 됐다. 며칠간 0원 쓰기, 가계부 인증, 냉장고 파먹기 등 자율적 소비 절제가 SNS에서 인증 경쟁으로 이어졌다. 물질적 소비에서 심리적 안정과 자기 효능감으로 초점이 옮겨갔고, 작은 성공 경험을 중시하는 '소확행(소소하지만 확실한 행복)'도 재조명됐다. 외부 환경의 불확실성에 대한 불안감을 해소하려는 사람들의

노력은 결국 자신에게 집중하고, 물질적 소비보다는 심리적 안정과 통제감을 추구하는 방향으로 흐름이 전환되었다.

2023~2024년
: 3無 사회(어른·동료·친구 없음)와 피드백 부재

2023~2024년은 '3무(無) 사회'가 현실화된 해였다. 코로나 팬데믹은 종료되고 일상은 회복되었으나, 인간관계는 이전으로 쉽게 돌아가지 못했다. 사람들은 점점 더 어른, 동료, 친구와의 관계에서 피드백을 받지 않는 사회로 접어들었다. 즉, 친구, 동료, 어른 등 사회적 피드백을 제공하던 역할들이 사라진 사회로, 점점 피드백 부재가 만성화되었다. 개인 취향, 가치 소비는 더 중요해진 반면, 사회적 연결망은 크게 약화되었다.

1인 미디어 방송이 더 활발해졌고, 취미활동·원데이 클래스 등도 자기 충족 중심으로 소규모화되었다. 가족 대신 '협력 가족', 온리유(Only-You) 상품 등 극단적 개인화 경향이 강해졌다. 이는 코로나 팬데믹 시절에 어느덧 익숙해진 비대면 문화와 개인주의가 심화된 결과였다.

사람들은 타인의 영향을 받지 않으려 하면서, 그로 인해 사회적 연결망이 단절되고 정서적 외로움이 더 심화되었다. '나만의 공간'에 갇혀 사회적 피드백의 부재 속에서 자신을 찾으려 했으나, 점차 고립된 사회로 나아갔다.

2024~2025년
: 관계, 경험, 소비, 모든 것이 미분화된 사회로 진화하다

2024~2025년은 관계, 경험, 소비까지 모두 소분화되는 '미분 사회'로 진입했다. 소비자는 브랜드, 경험, 서비스의 미세 단위까지 직접 선택하여 소비하며, 구독 서비스와 맞춤형 쇼핑, 플래그십 스토어 등 '맞춤화된 짧은 경험'이 일상이 되었다. 소비도 한정판 중고 거래 등 세분화되어 "내 취향에만 집중"하는 현상이 두드러졌다. 경험경제 플랫폼, 큐레이션 서비스, AI 아바타 등 인플루언서와의 단기적 감정 소비도 빠르게 확산되고 있다. 인간관계는 더 이상 깊이를 추구하기보다는 단기적이고 가벼운 형태로 나아갔으며, 사람들이 경험하는 사회는 점점 더 다채로워지면서도 연결되지 않은 파편화된 사회로 변모해 가고 있다. AI로 인해 맞춤형 소비 서비스가 증가했고, 구독경제는 이제 견고하게 일상화되었다.

자본주의 사회에서는 상업적 기술뿐 아니라, 그 어떤 상품이나 서비스, 심지어 대국민 정책에 이르기까지 대중의 선택을 받아야 살아남는다. 그리고 이 선택은 대중의 삶 속에서 어떤 문제를 해결해 주고 어떤 가치를 만들어주는지에 대한 공감이 전제되어야 한다. 그렇지 않다면 시장에서 생존하기 어렵다. 따라서 미래에 대한 전망은 단순히 기술 변화를 소개하거나, 잘 팔리는 서비스, 제품을 나열하고 소개하는 것만으로는 불충분하다. 진정한 전망은 대중이 어떤 미래를 원하고 있는지, 그리고 그들이 상상하는 미래상이 무엇인지, 그 이면에 어떤 결핍이 있는지를 읽어내는 데서 출발해야 한다. 소비자가 원하는 결핍과 욕구에 맞닿지 못한 기술, 제품, 서비스, 정책은 아무리 혁신적이라 불리더라도 결국 도태될 수밖에 없기 때문이다.

새로운 제품, 서비스, 정책, 기술은 스스로 사회를 변화시키지 않는다. 가능성은 열어주지만, 그 가능성을 실현할지는 대중의 선택에 달려 있다. 대중 소비자의 요구와 상상력 속에서 공감대를 형성하지 못한 대상은 생명력을 갖지 못하고 도태된다. 이것이 트렌드를 전망할 때 반드시 고려해야 할 부분인 것이다.

바빌로니아 시대에는 별을 보던 눈이 이제는 데이터와 지표를 본다. 결국 인간은 시대를 뛰어넘어 같은 질문을 던진다. "내일은 어떻게 될까?" 점집에서 묻느냐, 데이터에서 묻느냐의 차이일 뿐이다. 누군가 그럴듯하게 답해주면, 별이든 데이터든 상관없다. 중요한 건 그 순간 마음이 놓인다는 사실이다.

Part 2.

2026년 한국 사회 대중의 결핍 코드

Chapter 1.
닫히는 사회, 멀어지는 타인

보이지 않는 갈등, 선택적 사회성,
초-능력주의, 무임승차 과잉 경계증,
리소셜링, 디지털 공감 공동체, AI 하이브리드 관계

한국 사회는 보수화되고 있다

2025년 6월 3일, 한국 사회는 달력에 없던 대통령 선거를 맞이했다. 갑작스러운 선거였지만 국민의 선택은 분명했고 새로운 정부가 곧바로 출범했다. 새 정부는 '탈이념'을 내세웠지만 실제로 펼쳐지는 정책은 이전 보수 정부와 크게 달랐다. 진보적 성향의 정책이 눈에 띄게 많았고, 현장의 목소리를 직접 반영하는 방식이 특징이었다. 대통령은 국민과의 직접 소통을 강조했고, 거리와 현장에서 만난 시민들의 목소리가 정책에 곧바로 반영되기 시작했다.

특히 노동 분야의 변화는 두드러졌다. 현직 철도 노동자가 고용노동부 장관으로 임명되면서, 노동정책은 기존의 관료 중심 접근에서 벗어나 실제 현장 노동자의 권익을 지키는 방향으로 선회했다. 또 전 국민에게 소비 쿠폰을 지급하여 위축된 소비심리를 회복시키려는 조치도 이루어졌다. 소비가 늘어나면서 시장이 활력을 되찾고, 소상공인과 자영업자들도 숨통이 트이는 효과가 조금씩 나타났다. 이러한 변화는 국민들에게 긍정적인 평가를 만들었고, 대통령의 지지율은 선거 당시 득표율을 훌쩍 뛰어넘었다. 많은 국민들이 새 정부의 진보적 행보를 환영하는 듯 보였다.

그렇다면 2025년 현재, 한국 사회 전체가 진보적인 방향으로 움직이고 있다고 볼 수 있을까? 여기서 의문이 생기는 지표들이 몇 가지 있다. 겉으로 드러나는 정부 정책과 높은 지지율만 본다면 한국이 진보 쪽으로 이동하고 있는 듯하지만, 실제 대중의 가치관과 사회 인식은 조금 다른 그림을 보여주고 있다.

예를 들어, 2025년 5월 엠브레인TV[1]에서 공개한 조사 결과를 보면, 사회의 다양성을 바라보는 국민 인식이 점점 줄어드는 추세가 확인된다. "사회에 다양한 목소리가 나오는 것은 그 사회가 건강하다는 증거다"라는 항목에 동의한 비율은 2020년에 78.8%였다. 그러나 2023년에는 76.7%로 낮아졌고, 2025

년에는 73.3%까지 내려갔다. 절대적으로 봤을 때 여전히 70%를 넘는 수치이므로 '낮다'라고 단정하기는 어렵다. 하지만 해마다 꾸준히 감소하고 있다는 점은 분명 사회 분위기가 변하고 있음을 시사한다.

더 직접적인 지표도 있다. "성 소수자들도 사회의 일원으로서 동등하게 대우받을 자격이 있다"라는 항목에 대한 동의율은 2020년에 60.8%였다. 그러나 5년이 지난 2025년에는 46.7%로 크게 낮아졌다. 거의 절반 수준으로 줄어든 것이다. 또한 "우리 자녀들이 살아갈 세상은 성 소수자에 대한 인식이 더 유연했으면 좋겠다"라는 항목도 2020년에는 54%가 동의했지만, 2025년에는 37.1%로 떨어졌다. 미래 세대가 다양성을 더 자연스럽게 받아들이기를 바라는 기대가 오히려 줄어든 셈이다.

비슷한 흐름은 다른 질문에서도 드러난다. "성 소수자를 인정하는 사회적 분위기가 옳다"라는 항목에 대해서도 2020년 41.9%에서 2025년 31.6%로 크게 하락했다. 수치 하나하나가 보여주는 의미는 분명하다. 성 소수자에 대한 사회적 인정, 다양성을 존중하는 태도, 그리고 생각의 유연함이 전반적으로 위축되고 있다는 것이다.

가장 우려되는 부분은 '정상(normal)'이라는 개념에 대한 인식 변화였다. 조사 항목 가운데 "나는 정상적이지 않은 사람들에 대해 왠지 모를 거부감이 있다"라는 문항에서 사람들이 동의하는 비율이 크게 높아졌다. 이 수치는 2023년 54.9%까지 잠시 낮아졌던 적이 있었지만, 2025년에는 62.8%로 다시 크게 뛰어올랐다. 단순히 숫자만 놓고 보면, 한국 사회에서 '정상'이라는 잣대로 타인을 평가하는 태도가 강해지고 있다는 뜻이다.

문제는 이 '정상'과 '비정상'의 구분 자체가 절대적인 것이 아니라는 점이다. 정상(normal)이라는 말은 사실 통계적으로 평균에 속한다는 의미일 뿐이다. 반대로 평균에서 벗어난 사람을 비정상(abnormal)이라고 단정하는 것은 매우 자의적이고 주관적인 판단이다. 다시 말해, 누군가를 '정상적이지 않다'고 보는 순간, 그 판단은 객관적인 기준이 아니라 '나의 경험과 시선'에 기대어 내려지는 평가일 가능성이 크다. "정상적이지 않은 사람들에 대한 거부감"이 높아지고 있다는 것은, 결국 타인을 바라볼 때 '내 기준'을 지나치게 절대화하는 경향이 강해지고 있음을 의미한다. 상대방이 처한 상황이나 개인의 배경, 혹은 나름의 사정은 고려되지 않는다. 다만 내가 생각하는 '정상'이라는 기준에서 벗어났다는 이유만으로, 그 사람을 불편하게 여기고 거부하는 것이다. 이는 곧 편견이 강화되고 있다는 신호다.

지금 한국 사회의 분위기를 보면 다양한 배경과 상황에 처한 사람들에 대한 이해와 관용이 빠른 속도로 낮아지고 있다. 예를 들어, 어떤 이는 경제적 어려움 때문에 원룸에서 생활하며 하루하루 생계를 이어가고 있을 수 있다. 또 다른 이는 건강 문제로 인해 일반적인 근무 시간을 소화하지 못하거나, 외모와 말투에서 차이를 보일 수 있다. 하지만 이런 맥락은 무시된다. 단지 '평균 바깥에 있다'는 이유만으로 낯설고 불편하게 느끼는 태도가 사회 전반에 확산되고 있다.

실제 사례는 많다. 발달장애 자녀를 둔 부모가 대중교통에서 곱지 않은 시선을 받는 경우가 여전히 흔하다. 아이가 예상치 못한 행동을 보이면 주변 사람들은 상황을 이해하기보다 "비정상적이다"라는 꼬리표를 붙이고 불편해한다. 또, 코로나19 팬데믹 이후 늘어난 '비정규직 일자리'에서 일하는 사람들도 있다. 배달·플랫폼 노동자처럼 일정하지 않은 근무 형태에 놓여 있는 이들은 전통적인 직장인 기준에서 벗어나 있다는 이유로 사회적 안정성에 대한 평가를 낮게 받는다. 하지만 이 역시 시대적 변화와 개인적 선택의 결과이지, '정상·비정상'으로 나눌 수 있는 문제는 아니다.

외모나 생활 습관에서도 비슷한 일이 벌어진다. 문신이나 염

색을 한 젊은 세대는 아직도 일부 직장에서 '비정상적'이라는 평가를 받는다. 반대로, 나이 든 세대가 디지털 기술을 잘 활용하지 못한다고 해서 '뒤떨어졌다'는 시선이 주어지기도 한다. 이는 결국 '나와 다르면 틀렸다'라는 고정관념이 사회 전반에 퍼져 있다는 것을 보여준다.

정상 분포 곡선에서 평균에 속하지 않는 사람들은 언제나 존재한다. 사회가 건강하게 유지되려면 이들을 이해하고 포용하는 태도가 필요하다. 그러나 최근 지표는 그 반대 방향을 보여준다. 평균에서 벗어난 이들에 대한 이해와 공감은 빠르게 줄고 있고, 결과적으로 다양성을 존중하려는 분위기는 점점 사라지고 있다. 이는 단순히 한 개인의 태도 문제를 넘어서, 사회 전반의 경직성을 강화시키는 흐름이기도 하다.

지표가 보여주는 바는 분명하다. 한국 사회는 관용과 포용의 가치에서 멀어지고 있다. 다양성을 인정하지 않는 태도, 정상과 비정상을 나누는 경직된 인식은 결국 사회를 더 보수적으로 만들고 있다. 이는 단순히 정치적 이념의 보수·진보를 넘어, 사람에 대한 태도와 사회적 분위기가 점차 경직되고 있다는 의미다.

데이터를 종합해 보면, 정부가 진보적인 정책을 추진한다고 해서 사회 전체가 곧장 진보적으로 변화하는 것은 아니다. 한국 사회는 겉으로 보기에 진보적인 듯한 흐름 속에서도, 실제 대중의 마음은 보수적 가치로 되돌아가거나 혹은 더 경직되는 부분이 함께 존재한다. 따라서, 한국 사회를 진단할 때 "어떤 정당이 집권했느냐"라는 기준으로는 진단이 부족하다. 보수냐 진보냐의 문제를 넘어서, 얼마나 다양한 목소리를 존중하고 포용할 수 있는가, 그리고 사회적 약자와 소수자의 권리를 어디까지 인정할 수 있는가를 알아야 한다. 그런데 현재 한국 사회의 흐름은 '분명' 포용과 다양성이라는 측면에서 후퇴하고 있는 것으로 보인다. 대한민국은 분명 보수화되고 있다.

차별과 갈등이 더 커지고 있다
: 핵심은 '타인'에 대한 태도

한국 사회에서 다양성에 대한 관용이 줄어들면서 차별과 갈등이 심화되고 있는 현실이 드러난다. 조사에 따르면[2] 시민 80.8%가 차별 문제가 매우 심각하다고 느끼고 있고, 사회 대다수는 경제력, 신분, 장애, 성별, 학력에서 뚜렷한 차별을 경험하거나 목격했다고 답한다. 예를 들어, 분명 법으로 금지되어 있지만 청년 취업자들은 공기업 면접에서 부모의 직업을 묻는 질문을 받고,[3] 해당 답변에 따라 평가가 달라지는 것을 실감한다. 직장인을 위한 익명 커뮤니티 〈블라인드〉에서 사기업 임원 자녀들의 특혜성 입사에 대한 논란은 단골 메뉴다. 이처럼 경제적 불평등과 사회적 신분이 중요한 차별 요인으로 작동한다는 점은 곳곳에서 확인된다. 또 장애인은 대중교통과 일상 시설에서 수 차례 차별을 겪으며, 여성과 성 소수자 역시 취업 과정이나 조직 내에서 배제와 편견에 직면한다.

차별 경험이 높음에도 불구하고, 포괄적 차별금지법 도입의 필요성에 공감하는 비율은 2020년 76.5%, 2023년 72.6%, 2025년 67.6%로 하락세를 보이고 있다.[4] 절대적으로 보면 10명 중 7명 이상이 차별금지법이 필요하다고 말하지만, 그 비율이 점차 줄어들고 있다는 점은 시사하는 바가 크다.

이런 사회 분위기에서는 서로의 차이를 인정하거나 가치 다양성을 존중하는 태도가 줄고, 오히려 자신이 속한 집단의 이익이나 정치적·경제적 입장, 신념에 더 집착하게 된다. 서로의 입장과 상황을 이해하려는 노력은 없고, 선배 세대는 지금의 청년 세대가 지나치게 자기주장만 한다고 지적하고, 반대로 청년 세대는 기득권 세대와는 대화가 통하지 않는다고 비판만 하고 있는 모양인 것이다.

 이런 상황에서 갈등 조정자가 없다면, 집단 간 신뢰는 빠르게 깨지고 사회적 소통과 타협이 막힌다. 이러한 구조 속에서 갈등 조정 역할을 해야 할 정치권은 오히려 현재의 혐오와 분열을 이용해 지지층 결집에 나선다. 특히 SNS 등 온라인 공간에서는 현실의 불안과 갈등이 혐오 표현으로 직결되어, 장애인·이주민·성 소수자 등 소수자 차별과 혐오가 확산된다. 갈등이 더 커지는 것이다.

 한국행정연구원 자료에 따르면, 2013년부터 2024년까지 사회통합실태조사에서 시민들은 해마다 가장 심각한 갈등으로

[자료 5] 인터넷 속 차별, 비하 표현
출처: 세계일보

'진보와 보수'의 이념 대립을 꼽았다.[5] 이 갈등의 평점은 지난 10년간 3.1~3.3점(4점 만점)으로, 다른 집단 간 갈등을 크게 앞질렀다. 2024년 사회통합실태조사에서 시민들은 진보·보수, 빈곤층·중상층, 근로자·고용주 등 9개 주요 집단을 모두 심각한 갈등 대상으로 여겼다.

보건사회연구원의 2024년 실태조사에서도[6] 우리나라의 갈등 정도가 4점 만점에 3.04점으로, 2018년 이후 6년 만에 가장 높은 수치를 기록했다. 특히 이념 갈등은 2018년 3.35점, 2023년 3.42점, 2024년에는 3.52점으로 매우 높은 수준에 이르렀다. 다른 유형(지역, 세대, 노사, 빈부 등)의 갈등도 심각하지만, 진보와 보수의 대립이 가장 두드러진다는 사실이 반복적으로 확인되어 왔다. 여야 갈등이 '아주 크다'라는 응답도 2023년 70%에서 2024년 76%로 크게 증가했고, 실제로 정치·이념 갈등으로 인해 지역 공동체 행사, 가족 내 모임, 온라인 커뮤니티 등에서 갈등이 불거지는 사례가 잦아지고 있다.

이념 갈등이 이렇게 극심해진 배경에는 서로에 대한 관용과 타인에 대한 이해가 현저히 부족하다는 인식이 자리 잡고 있다. 정치적 반대자, 생각이 다른 집단을 적대적으로 바라보는 태도가 커지면서 공감과 최소한의 교류가 갈수록 어려워지고,

불가능해지고 있는 것이다.

문제는 이런 타인과의 공감은 물론, 최소한의 교감을 할 수 있는 상황이 점점 더 나빠지고 있는 것이다. 인간관계에 대한 이 부정적인 인식을 불황이라는 경제적 환경이 더욱 악화시킬 수 있기 때문이다. 경제 불황, 취업난, 소득 격차가 부정적 흐름을 더 심화시킬 수 있다. 생활 환경이 어려워지고, 자신이 가지고 있는 자원(돈과 시간)에 대한 유지와 확장이 어려워지면 생존의 위협을 느끼기 때문에, 타인을 과도하게 경계하거나 거리감을 갖게 되기 때문이다. 이렇게 되면 인간관계의 단절은 물론 사회적 대화조차 힘들어진다. 그런데 현재 경제 상황은 이 방향을 가리키고 있다.

한국개발연구원(KDI)은 2025년 경제성장률 전망치를 1.6%에서 0.8%로 크게 낮췄다.[7] 국제통화기금(IMF)도 같은 시기에 발표한 세계경제전망 보고서에서 한국의 실질 GDP 성장률을 0.8%로 하향 조정했다.[8] 공교롭게도 두 기관이 똑같은 수치를 내놓은 것이다. 이는 한국 사회가 실제로 불황 국면에 진입했음을 반영하는 신호일 수 있다. 불황은 단순히 경제 문제에서 끝나지 않는다. 사람들의 일상과 관계, 태도 전반을 흔들어 놓는다.

불황이 닥치면 가장 먼저 줄어드는 것이 사람과의 만남이다.

임금은 동결되고, 실업은 늘어나고, 자산 가치도 하락하거나 정체된다. 결국 가처분 소득이 줄어든다. 그 결과 사람들은 외식, 여행, 문화생활, 각종 모임 같은 '필수적이지 않은 지출'을 줄인다. 예를 들어, 2008년 글로벌 금융위기 당시에도 외식업 매출이 전년 대비 10% 이상 줄어들며 사교 모임이 크게 위축된 바 있다. 이번에도 비슷한 현상이 나타나고 있다.

만남이 줄면 당연히 교류도 줄어든다. 하지만 동시에 흥미로운 변화도 생긴다. 가족이나 가까운 친구 같은 핵심 관계에 더 집중하는 경향이다. 어려운 시기를 함께 버티는 과정에서 유대감이 깊어지기 때문이다. 예컨대 코로나19 팬데믹 시기에 많은 가정에서 가족 식사 시간이 늘어나고, 부모와 자녀 간 대화 시간이 증가했다는 조사 결과가 있었다.

불황은 결국 '자원이 한정된 상태'다. 시간과 돈이 부족해지면 사람들은 선택을 해야 한다. 그러면 가까운 관계의 질은 좋아질 수 있지만, 관계의 양은 줄어든다. 그리고 타인에 대한 관심은 현저히 낮아진다. 실제로 데이터를 보면 이런 흐름이 뚜렷하다. 2013년 한국 사회에서 타인에 대한 관심도는 65.1%였다. 하지만 이후 꾸준히 하락해 2023년에는 45.6%, 2024년에는 38.1%까지 떨어졌다.[9] 불과 10년 사이에 절반 가까이 줄어든 것이다. 결국 '다양성'에 쏠 수 있는 관심이 부족해졌다는 의미다. 관심이 줄면 관용도 줄어든다. 사회는 자연스럽게 보수화될 수밖에 없다.

또 다른 지표도 이와 같은 이야기를 해준다. 2017년과 2024년, 약 7년에 걸쳐 진행된 추적조사가 있다. 이 조사는 '선호 표현', '잘못 지적', '조언', '불편감 표현'이라는 네 가지 민감한 소통을 ①지인 ②친구 ③부모라는 세 가지 대상에게 얼마나 하는지를 물었다.

결과는 흥미롭다. 지인과 친구에게는 이런 소통을 한다는 비율이 모두 낮아졌다.[10] 반대로 부모와의 소통에서는 네 가지 항목 모두 동의율이 높아졌다. 즉, 과거보다 타인과의 소통은 줄고, 부모 같은 내집단과의 소통은 강화된 것이다. 이는 한국 사회가 점점 더 '내집단 지향적'으로 바뀌고 있음을 보여준다.

정리하면 이렇다. 불황은 사람들의 선택지를 좁힌다. 관계의 폭은 줄고, 핵심 관계의 질은 깊어지지만, 타인에 대한 관심은 크게 떨어진다. 다양성이라는 가치에 투자할 여력이 줄어드는 것이다. 그러면 당연히 관용은 낮아진다. 사회 전체가 보수적으로 움직이게 된다.

이런 흐름은 단순한 느낌이 아니라 실제 데이터와 사례가 뒷받침한다. 2013년 이후 계속 줄어드는 타인에 대한 관심도, 2017년 이후 강화되는 부모 중심 소통, 그리고 불황기에 반복적으로 나타나는 교류 위축 현상이 모두 그것이다. 한국 사회의 보수화는 단지 정치적 구호가 아니라, 경제 불황과 인간관계의 재편이라는 사회적 조건에서 비롯된 구조적 변화라는 점을 직시해야 한다.

나를 향한 노이즈는 캔슬, 내가 발생시키는 노이즈는 노캔슬

사람들이 타인에 대한 관심이 줄어들면 독특한 현상이 나타난다. 타인이 나에게 미치는 영향에는 예민해지지만, 내가 타인에게 미치는 영향에는 둔감해진다는 것이다. 이 현상이 가장 잘 드러나는 서비스가 바로 '노이즈 캔슬링'이다.

요즘은 이동할 때나 일할 때, 많은 사람들이 항상 이어폰이나 헤드폰을 낀다. 음악, 강의, 뉴스, 팟캐스트를 듣는다. 이제는 일상이 되었다. 엠브레인TV에서 공개한 조사에 따르면,[11]

사람들은 수면 시간을 제외한 시간 중, 평균적으로 28.9%는 이어폰이나 헤드폰을 착용하고 있다. 하루 16시간을 기준으로 하면 거의 5시간에 가깝다. 특히 10대는 40.2%나 된다. 즉, 하루 16시간 중 6시간 반 이상은 귀에 뭔가를 꽂고 있는 셈이다. 수업 시간 빼고는 거의 늘 착용한다고 봐야 한다. 직장인들도 마찬가지다. 회사에서도 회의나 대화 시간 외에는 귀를 막고 있다. 50대의 경우도 20.4%의 비중이다. 계산하면 하루 평균 3시간 이상이다. 결국 나이나 세대를 막론하고 대부분의 사람들이 귀를 닫고 살아가고 있다는 뜻이다.

  사람들은 자신이 듣고 싶은 소리만 듣고 싶어 한다. 음악, 강의, 오디오북은 좋다. 하지만 옆자리 사람의 통화, 지하철 안내방송, 거리의 소음은 참기 힘들다. 원하는 소리는 정보가 되고 즐거움이 된다. 원하지 않는 소리는 곧 '소음'이 된다. 이 욕구가 만들어낸 기술이 바로 노이즈 캔슬링이다. 이어폰과 헤드폰이 주변 소리를 차단해 준다. 조사에 따르면 2023년 노이즈 캔슬링 기능을 가진 이어폰이나 헤드폰을 보유한 사람은 64%였다. 2024년에는 이 비율이 67%까지 올랐다.[12] 사용 장소도 뚜렷하다. 소음이 많은 대중교통, 지하철, 버스, 길거리에서 가장 많이 쓴다. 다음은 조용해야 하는 도서관, 독서실, 스터디 카페다. 두 경우 모두 '소음을 적극적으로 통제하려는 욕구'가 강하게 드러난다.

   소음에 민감한 사람은 계속 늘고 있다. 조사에서 2명 중 1명은 '일상생활에서 소음이 너무 많다'고 느낀다. '원하지 않는 소리를 듣는 것이 가장 참기 힘들다'라고 답한 사람도 절반에 달한다. 실제로 지하철에서 전화 소리가 울리거나, 옆자리 사람이 크게 웃으면 많은 사람들이 불편해한다. 카페에서 음악이 조금만 커져도 불만이 생긴다. 이렇게 소음에 민감해진 사람들은 노이즈 캔슬링 같은 기술에 더 의존하게 된다. 하지만 여기에는 역설이 있다. 많은 사람들이 남이 내는 소음에는 예민하다. 그러나 내가 내는 소음에는 둔감하다. 노이즈 캔슬링 기능을 쓰고 있는 사람일수록 그렇다. 내 귀에는 차단이 되니 내가 내는 소리가 잘 들리지 않는다.

   이런 경우를 카페나 도서관에서 자주 볼 수 있다. 노이즈 캔슬링 이어폰을 낀 사람들이 오히려 책상을 두드리거나, 키보드를 크게 치거나, 통화를 하면서도 목소리가 커진다. 본인은 인식하지 못한다. 하지만 주변 사람에게는 불편한 소음이다. 조사에 따르면 "노이즈 캔슬링을 착용했을 때 내가 소음을 유발한다는 인식이 없다"라는 응답이 60%를 넘었다.[13] 절반 이상이 스스로 내는 소음을 잘 의식하지 못한다는 뜻이다.

이런 상황은 묘한 순환 고리를 만든다. 소음에 민감해질수록 노이즈 캔슬링 수요는 더 커진다. 사람들이 이어폰과 헤드폰을 더 오래 쓴다. 그러나 그렇게 쓰는 동안 본인이 내는 소음은 더 늘어난다. 예를 들어, 카페에서 공부하는 대학생이 있다. 그는 옆 사람의 타자 소리가 너무 거슬려서 노이즈 캔슬링 이어폰을 낀다. 그런데 그 학생 자신도 이어폰을 낀 채 친구와 통화하며 목소리를 높인다. 결국 옆 사람도 불편해진다. 버스 안에서도 비슷하다. 어떤 사람은 옆자리 승객의 통화 소리가 싫어 이어폰을 낀다. 그러나 이어폰을 낀 자신은 무심코 음악을 크게 튼다. 통화 소리가 싫은 만큼 음악 소리는 이어폰을 뚫고 나온다. 결국 소음이 다른 방식으로 확산된다. 이런 개미지옥 같은 무한루프 상황은 노이즈 캔슬링에 대한 니즈를 더욱 높일 수 있다. 이럴 때 외부 소음을 줄이는 방법은 의외로 간단하다. 옆 사람이 말을 건네는 것이다. "소리를 조금만 줄여 주세요"라고.

한국 사회는 지금 '소리에 대한 태도'에서 큰 변화를 겪고 있다. 남의 소음에는 민감해지지만, 내가 내는 소음에는 둔감하다. 이는 타인에 대한 관심이 줄어든 사회의 전형적인 모습이기도 하다. 노이즈 캔슬링은 단순한 기술이 아니다. 한국 사회의 관계 변화, 타인과 나 사이의 거리, 그리고 '나 중심적'으로 변하는 태도를 보여주는 상징이다.

결핍 추적자의 전망 3

2025년 현재 다양한 지표는 지금 정부의 성격과는 다르게 시민사회의 보수화 경향이 강해지고 있음을 가리키고 있다. 다양성에 대한 수용성 감소, 성 소수자에 대한 인식 약화, 그리고 정상성과 평균이라는 이름의 다양성에 대한 폭력이 뚜렷하게 나타나고 있다. 이러한 현상은 인간관계에 대한 악순환의 고리에 빠지게 한다. 타인에 대한 관용의 부족과 사람들과의 상호작용의 양이 줄어드는 것과 관련한 현상은 향후 중요한 몇 가지 변화를 만들어 낼 것으로 보인다.

1. '보이지 않는 갈등'과 '선택적 사회성' 심화

관용과 다양성이 줄어들면 갈등은 더 쉽게 커진다. 그런데 그 갈등은 요란하지 않다. 드러나지 않고, 일상 속에서 조용히 쌓인다. 이것이 바로 '보이지 않는 갈등(Invisible Conflict)'이다. 사람들은 자신이 생각하는 '정상'의 기준을 더 좁게 설정한다. 그 기준에 맞지 않는 사람은 불편하다. 그래서 직접 싸우지는 않는다. 대신 무시하거나 차단한다.

예를 들어, 정치 성향이 다른 친구와는 연락을 줄인다. 회사 동료가 다른 의견을 말하면 대꾸하지 않고 넘어간다. 세대 차이를 느끼면 그냥 대화 자체를 피한다. 겉으로는 평온하지만, 속으로는 거리가 점점 벌어진다. 특히 정치와 세대 문제에서 이런 일이 많다. 부모와 자녀 사이, 20대와 50대 사이에서 대화를 피하는 경우가 늘었다. SNS에서도 마찬가지다. 정치적 글을 올린 친구를 '차단'하거나 '언팔'한다. 싸움은 일어나지 않는다. 하지만 서로를 향한 관심도는 줄어들고, 대화의 접점도 사라진다.

경제 불황은 이런 경향을 더 강하게 만든다. 시간과 돈이 줄어들면, 사람들은 누구와 어울릴지 신중해진다. 바로 '선택적 사회성(Selective Sociality)'이다. 사람들은 꼭 필요한 관계, 나에게 힘을 주는 관계만 남긴다. 가족, 오랜 친구, 친밀한 소수 지인이다. 반대로 굳이 필요하지 않은 모임은 빠르게 줄어든다. 예를 들어 주말 모임이 있다면, 예전에는 여러 명이 모였지만 이제는 둘이나 셋만 모인다. 회식도 마찬가지다. 회사에서 열리는 공식 회식이 '불필요하다'라고 판단되면 참석하지 않는다. 취미 동호회나 인맥 모임도 비슷하다. 목적이 불분명하거나 시간 대비 효용이 적으면 사라진다.

대학생들은 과거처럼 대규모 동아리 활동을 하기보다는 취향이 비슷한 소수의 사람과만 만난다. 예를 들어, 그냥 '독서 모임'보다는 '애거서 크리스티 추리 소설 독서 모임'처럼 좁고 깊은 모임이 많아졌다. 직장인들은 퇴근 후 '전체 회식'보다는, 친한 동료 두세 명과만 식사한다. 대규모 회식은 피곤하고 불필요하다고 느끼기 때문이다. 부모 세대는 아파트 단지의 대규모 친목회보다는 같은 라인에 사는 몇 명과만 왕래한다. 이웃과의 관계도 좁아지고 있다. 온라인에서도 마찬가지다. 오픈 채팅방이나 대규모 커뮤니티보다는 친한 몇 명이 모인 소규모 단톡방이 더 활발하다.

이런 변화는 관계의 양극화를 만든다. 사회적 네트워크는 점점 좁아진다. 그러나 남겨진 관계는 더욱 강해진다. 예를 들어, 주말에는 가족과 시간을 보내는 경우가 많아진다. 공휴일에도 가족 중심 모임이 늘어난다. 반면, 회사의 공식 회식이나 동호회 활동은 점점 줄어든다.

결국 사회적 에너지는 핵심 관계에 집중된다. 하지만 다양한 사람을 만나는 기회는 크게 줄어든다. 이는 갈등을 줄이는 것처럼 보이지만, 사실은 갈등을 잠재적으로 더 키우는 구조다. 내가 속하지 않은 집단에 대해서는 점점 더 무관심해지고, 불편해지고, 때로는 적대적으로 변하기 때문이다.

보이지 않는 갈등과 선택적 사회성은 한국 사회의 새로운 일상 풍경이 되고 있다. 표면적으로는 충돌이 줄어든 것처럼 보인다. 그러나 실제로는 갈등이 '조용히' 심화되고 있다. 사람들은 점점 더 적은 사람만 만나고, 더 좁은 세계에서 산다. 남은 관계는 끈끈해지지만, 사회 전체의 다양성은 줄어든다. 이 과정에서 사회는 더 보수적으로 변하고, 타인에 대한 관용은 약해질 수밖에 없다.

2. '초-능력주의(Hyper Meritocracy)'와 '무임승차 과잉경계증' 확산

한국 사회는 오랫동안 능력주의에 기대어 왔다. 노력하면 성공할 수 있다는 믿음, 성과로 가치를 평가하는 기준은 이미 오래된 흐름이다. 그런데 최근 들어 이 능력주의가 더 극단으로 치닫고 있다. 바로 '초-능력주의(Hyper Meritocracy)'다. 조직생활에서는 더욱 뚜렷하다. 개인의 능력과 성과가 모든 것을 결정하는 분위기가 강화된다(물론 여기에는 반작용도 있다. 이와 관련한 내용은 별도의 챕터에서 다룬다). 한 사람의 가치는 오직 실적과 결과로만 판단된다. 예를 들어, 회사에서 프로젝트를 같이 진행한다고 해보자. 예전에는 팀워크나 과정이 어느 정도는 중요했다. 그러나 지금은 성과만 본다. 매출, 성과지표, 수치가 전부다. 그러다 보니 조금이라도 '무임승차'하는 동료가 눈에 거슬린다. "나는 죽어라 일하는데, 저 사람은 왜 편하게 지내나?"라는 불만이 커진다. 하지만 정작 그 동료가 어떤 상황인지, 어떤 맥락에서 일을 하고 있는지는 관심이 없다. 팀 간의 차이나 부서별 난이도는 고려되지 않는다. 자신이 체감하는 과부하만 크게 느껴진다. 그래서 무임승차(free-riding)에 대한 과잉경계가 일상화되는 것이다.

실제로 직장인 익명 커뮤니티 〈블라인드〉에서는 "팀원 중 누가 진짜 일하는지, 누가 일 안 하는지 다 보인다"라는 글이 자주 올라온다. "보고서 몇 줄 쓰고 성과 다 가져간다"라는 불만도 많다. 성과 중심 분위기에서 이런 불신은 더욱 커질 수밖에 없다.

문제는 이 분위기가 직장 안에서만 끝나지 않는다는 것이다. 사회 전반에서도 '능력으로만 평가'하는 시각이 확산된다. 2025년 4월에 공개한 엠브레인TV의 자료에 따르면,[14] "가

난은 개인의 게으름 때문이다"라는 응답이 꾸준히 늘고 있다. 2021년 17.8%, 2023년 20.7%, 2025년에는 26.4%까지 올랐다. 네 명 중 한 명 이상이 '가난은 개인 탓'이라고 보는 셈이다. 더 놀라운 점은, 경제 성장률이 1%도 안 되는 불황 전망 속에서도 계층 상승의 욕망은 오히려 늘고 있다는 것이다. "서민에서 중산층으로 올라갈 기회가 충분하다"고 보는 비율이 2021년 14.9%에서 2025년 20.4%로 높아졌다. 경제 현실은 어려워도 "노력만 하면 가능하다"는 능력주의 기반의 믿음이 여전히 강력하게 작동한다는 뜻이다.

그런데 이 믿음이 강해질수록 타인의 어려움에는 무관심해진다. "다른 사람이 얼마나 어렵게 사는지는 별 관심 없다"는 응답이 2021년 23.5%에서 2025년 29.5%까지 올랐다. 10명 중 3명은 타인의 가난을 아예 남 일처럼 여긴다. 예를 들어, 사회적 약자를 위한 복지정책이 나올 때 이런 반응이 많다. "그건 내 세금으로 하는 건데, 왜 내가 남을 먹여 살려야 하지?", "나는 열심히 일해서 번 돈인데, 무임승차자들만 좋은 거 아니야?"라고 생각하는 것이다. 또 학생들 사이에서도 "공부 못하는 건 노력 안 해서 그래"라는 말이 흔하다. 친구의 집안 형편이나 환경은 고려되지 않는다. 경력이 단절된 여성 직원이 다시 일할 때, 동료들은 사정을 모른 채 "성과가 적다"는 말부터 한다. 생활보호대상자가 혜택을 받을 때 일부 주민은 "세금만 축낸다"는 시각을 갖는다. 기초생활수급자 관련 기사가 나오면 댓글에는 "노력 안 한 결과"라는 반응이 넘쳐난다. 이처럼 '무임승차자'라는 낙인이 곳곳에서 쉽게 찍힌다. 이런 인식은 복지정책 확대를 어렵게 만든다. 정부가 아무리 정책을 내놓아도, 국민이 공감하지 않으면 실행에 저항이 생긴다.

이런 분위기는 '무임승차 과잉경계증(Free-ride Hypervigilance Syndrome)'으로 이어질 수 있다. 나보다 적게 노력하는 사람을 찾아내 비난하려는 심리가 일상화되는 것이다. 실제로는 사람마다 처한 상황이 다 다르다. 어떤 사람은 병든 가족을 돌보느라 시간을 못 내기도 한다. 어떤 사람은 같은 일을 해도 구조적으로 성과를 인정받기 어려운 위치에 있다. 그러나 초-능력주의 사회에서는 이런 맥락이 무시된다. 오직 성과만 본다.

결국 문제는 '타인의 사정에 무지하고, 자신의 이해에만 민감한 대중'을 어떻게 설득할 것인가다. 복지정책을 무리 없이 실행하려면 단순히 돈을 배분하는 것이 아니라, '타인의 맥락'을 끊임없이 알리고 공감대를 형성해야 한다. 예를 들어, 아동급식카드를 지원할 때 단순히 금액을 공개하는 것이 아니라,

"이 아이들이 어떤 환경에서 자라는지"를 함께 알려야 한다. 장애인 지원 정책을 설명할 때도 "왜 이 제도가 필요한지"를 구체적 사례와 함께 보여주고 최대한 많은 국민들에게 알려야 한다. 막연한 무임승차 낙인을 줄이고 사회적 공익을 확대하려면 끊임없는 설명과 설득이 필요하다. 초-능력주의가 강화될수록 이런 노력은 더욱 절실해진다.

3. 사회성 결핍이 유발하는 역트렌드
: 리-소셜링, 디지털 공감 공동체, AI 하이브리드 관계

2026년에는 사회적 고립과 외로움이 심화되면서 반작용이 나타날 것으로 전망된다. 바로 리-소셜링(Re-Socialing), 단절된 사회성을 회복하려는 움직임이다. 인간은 본질적으로 사회적 존재다. 인간이라는 사회적 동물에게 고립된 상태는 지속 가능하지 않다. 이 욕구는 코로나19 이전에도 있었다. 당시 트레바리 같은 책 모임, 와인 모임이 유행했다. 사람들은 취향을 공유하며 교류했다. 2026년에도 이런 흐름이 다시 강해질 가능성이 크다. 예를 들어, 동네 작은 서점에서 열리는 독서 모임, 지역 카페가 주최하는 글쓰기 모임, 동네 주민이 만든 작은 합창단 같은 것이 그것이다. 또 요즘 늘어나는 러닝 크루, 작은 와인 테이

스팅 모임, 공방 클래스, 지역 기반 소셜클럽도 여기에 포함된다. 사람들은 낯선 대규모 네트워크 대신 밀도 높은 소규모 모임을 선호할 것이다.

한편, 오프라인 관계가 줄어든 자리는 디지털 공동체가 대신 채운다. 돈이 많이 들지 않고 쉽게 참여할 수 있다. SNS, 카카오톡 오픈채팅방, 네이버 밴드 같은 플랫폼이 중심이 된다. 예를 들어, '육아 스트레스 공유방'에서는 부모들이 서로의 어려움을 털어놓는다. '투자 오픈채팅방'에서는 경제적 불안을 함께 나눈다. '고민 상담방'에서는 낯선 사람과도 깊은 이야기를 한다. 코로나19 시기에도 이런 현상은 있었다. 재택근무자들이 모인 온라인 커뮤니티가 생겨났다. 정신건강 앱을 통해 우울감을 나누는 사람도 많았다. 2026년에는 이런 흐름이 더 강해질 것이다. 경제적 불황, 외로움, 불안이 커지면서 정신건강·감정 지지 커뮤니티가 폭발적으로 성장할 가능성이 있다. 실제로 "온라인 상담방에서 대화하는 것이 큰 위로가 된다"는 경험담도 많다.

2026년에는 본격적으로 AI 활용이 인간관계와 소통 방식을 근본적으로 변화시키면서, 인간과 AI가 공존하며 협력하는 '하이브리드 관계(Hybrid Relationship)'가 새로운 트렌드로 부상하게 될 가능성이 커졌다. AI가 단순히 업무를 돕는 도구가 아니라 감정

교류까지 확장되는 것이다. 예를 들어, 1인 가구 청년이 AI 챗봇과 하루 일과를 공유한다. "오늘은 힘든 하루였어"라고 말하면 AI가 위로한다. 고령층은 AI 스피커에게 말을 걸며 외로움을 달랜다. "오늘 날씨 어때?"라는 작은 대화가 인간관계의 빈자리를 대신한다. 이미 이런 사례는 실재한다. 일본에서는 고령층이 AI 반려로봇과 함께 살며 외로움을 줄이고 있다. 한국에서도 AI 상담 앱이 청소년들의 심리 상담을 대신하기 시작했다. 앞으로는 대학생이 AI와 스터디 그룹을 만들고, 직장인이 AI 동료와 아이디어를 교환하는 모습이 자연스러워질 것이다.

우려스러운 것은 AI와의 관계가 인간관계를 대체할 가능성이 크다는 점이다. 사회성이 부족한 사람일수록 AI에 더 깊이 의존한다. 그러면 실제 인간관계는 더 줄어든다. 인간관계의 양과 질 모두 약해질 수 있다. 예를 들어, 직장에서 동료와 대화가 서툰 직원이나 또래 관계 형성이 잘 안되는 청소년이 AI와만 소통한다면 실제 소통 능력은 더 떨어질 수 있다. 인간관계의 결핍이 더 심화될 수도 있는 것이다. AI가 일상에서 업무를 돕는 도구의 역할을 넘어서 인간관계의 대체재 역할을 하게 될 가능성이 크고, 이렇게 되는 경우 오히려 실제 인간관계에서 상당한 문제를 야기할 수 있다. 따라서 이 부분에 대한 관계기관의 사전대책과 준비도 더불어 필요할 것으로 보인다.

여기에는 공공영역의 역할이 필요하다. 단순히 기술을 도입하는 것을 넘어서, AI와 인간의 균형 있는 관계 설계가 중요하다. 오프라인 모임과 물리적 공간을 지원하고, 지역 커뮤니티를 살리며, 동시에 AI가 건강하게 보완적 역할을 할 수 있도록 해야 한다. 2026년의 역트렌드는 분명하다. 사람들은 고립을 견디지 못하고, 다시 연결을 원한다. 오프라인 소모임, 디지털 공동체, 그리고 하이브리드 관계. 이 세 가지가 결합하며 새로운 사회적 풍경을 만들어낼 것이다.

2024년 12월 3일부터 2025년 6월 3일에 걸쳐 한국 사회는 엄청난 사건들을 겪었다. 그리고 진보적인 성격을 띤 정부가 출범했고, 많은 국민은 지지와 응원을 보내고 있다. 하지만, 몇 가지 지표로 나타난 한국 사회의 분위기는 분명히 진보적이지는 않아 보인다. 사회가 진보하려면 타인에 대한 관용이 커져야 한다. 그러나 이 타인에 대한 관용은 돈과 시간이라는 자원이 약간이라도 타인을 향할 수 있을 때 비로소 가능하다.

Chapter 2.
정서 동반자 시대
: 외로움이 만드는 AI 혁명

인간관계 가상화, AI 의존성 일상화, 가짜 연인의 진짜 위로,
대면 경험의 프리미엄화, 로컬 마이크로 커뮤니티,
편집형 공간화, 만남 상품, 관계 경제

유언장 미리 쓰기와 셀프 부양이 의미하는 것

최근 한국의 젊은 층 사이에서 '유언장 미리 쓰기'가 확산되고 있다.[1] 장례복인 수의를 입어보는 체험이 늘고, 입관 체험이나 유언장 낭독 행사도 많아지고 있다. 죽음을 미리 경험해 보는 프로그램이 하나의 트렌드로 자리 잡고 있다. 실제 법적 효력이 있는 유언장은 과거에는 노년층이 주로 작성했다. 전체 비율은 1% 남짓에 불과했다.[2] 그러나 최근에는 상황이 달라졌다. 20대와 30대가 주도하는 '유언장 미리 써보기'가 유행처럼 번지고 있다.[3] 죽음을 연습하는 이벤트에 젊은 세대가 몰리는 것이다.

이전까지 웰다잉(Well-dying)은 중장년층의 전유물이었다. 이제는 MZ세대가 중심에 섰다. 단순한 호기심이나 체험 욕구 수준을 넘어, 삶 전체를 '스스로' 설계하고 끝까지 자신이 책임지려는 태도가 담겨 있다. 내 삶의 마침표조차 내가 찍겠다는 것이다. 이 현상은 통계로도 확인된다. 유언장 작성 플랫폼 '망고하다'의 고객 절반 가까이가 20·30대다. 죽음을 대하는 태도가 세대 전반에서 바뀌고 있음을 보여준다.

'잘 죽는 것'에 대한 관심은 사전연명의료의향서 등록에서도 나타난다. 이 제도는 갑작스러운 사고나 중병으로 의사 표현이 불가능할 때 가족 대신 본인의 뜻을 존중하도록 만든 장치다. 말기 환자나 임종 과정에서 심폐소생술, 인공호흡기, 혈액투석, 항암치료 등을 받을지 말지를 미리 선택한다. 등록자 대부분은 연명치료를 포기하려는 의도로 신청한다. 이 경우 가족은 치료 지속 여부를 두고 힘든 결정을 대신하지 않아도 된다. 심리적 부담이 줄어드는 것이다. 이 제도는 불과 몇 년 사이에 폭발적으로 확산됐다. 2018년 누적 등록 건수는 약 10만 건이었다. 그런데 2022년 기준으로 157만 건을 넘어섰다.[4] 5년 만에 15배 가까이 증가한 수치다.[5] 연명치료 포기는 이제 특정 세대만의 결단이 아니라, 사회 전반에서 공감대를 얻는 흐름으로 바뀌었다.

한편에서는 '셀프 부양'에 대한 관심이 높아지고 있다. 셀프 부양은 스스로 생계와 노후를 책임지는 것을 뜻한다. 가족에게 의존하는 전통적 부양관은 빠르게 해체되고 있다. 엠브레인 트렌드모니터가 2025년 8월 발표한 조사에 따르면,[6] 응답자의 87.1%가 "노후 준비를 자녀에게 맡기지 않고 직접 하겠다"라고 답했다. 자녀에게 부모 부양의 의무를 지우고 싶지 않다는 의견도 78.5%에 달했다. 부모와 자녀 간의 역할 구분이 달라지고 있음을 보여준다.

현실에서도 이러한 흐름은 뚜렷하다. 한국은 OECD 국가 중 고령화 속도가 가장 빠르다. 2025년 기준으로 전체 인구의 20.3%가 65세 이상이다. 다섯 명 중 한 명이 노인인 사회다. 그런데 이들의 경제활동 참여율은 61%로 역대 최고치다[7] (2025년 4월 기준). 많은 고령자가 여전히 일터에 서 있다. 긍정적인 면도 있지만, 그만큼 연금제도나 노후 보장 장치가 취약하다는 방증이기도 하다. 생활비를 충당하기 위해 어쩔 수 없이 노동을 이어가는 경우가 많다.

유언장 미리 쓰기와 셀프 부양은 결국 같은 지점을 향한다. "내 삶은 내가 계획하고, 내가 책임진다"는 원칙이다. 시작도,

끝도 스스로 결정하려는 의지다. 하지만 이 선택에는 양면성이 존재한다. 자신의 삶을 통제하려는 독립성의 이면에는 타인과 가까운 사람에 대한 의존성을 줄이려는 태도가 숨어 있다. 가족, 친구, 공동체로부터 떨어져 홀로 서려는 것이다. 이러한 개별화는 실용적 결단이자 책임감의 표현이다. 그러나 동시에 고립과 외로움을 불러온다. 문제는 이 고립과 외로움이 만성화되면서 개인적으로 그리고 사회적으로 큰 문제를 수반한다는 것이다.

외로움의 습격, 몸과 마음을 해친다

외로움은 단순히 낭만적인 정서적 상태가 아니다. 현실에서 외로움은 심각한 사회·경제적 문제이자, 건강을 위협하는 요인이다. 세계보건기구(WHO)는 2023년, 외로움을 '세계적 보건 위협'으로 공식 지정했다.[8] 이는 단순한 사회 문제를 넘어, 흡연·비만·음주와 같은 주요 보건 리스크와 동일 선상에서 다뤄야 한다는 의미다.

WHO 보고서에 따르면, 외로움은 조기 사망 위험을 60% 이상 높인다. 매일 담배 15개비를 피우는 것과 비슷한 수준이다.[9] WHO는 매시간 전 세계에서 약 100명이 외로움과 관련된 건강 문제로 사망한다고 경고했다. 구체적인 수치는 더 충격적이다. 외로움은 치매 위험을 40% 높이고,[10] 심장병 위험은 29%, 뇌졸중 위험은 32% 증가시킨다.[11] 또한 면역 체계에도 악영향을 미친다.

외로움이 지속되면 사이토카인 불균형과 만성 염증이 발생한다.[12] 사이토카인 불균형이란 우리 몸의 면역 조절 시스템이 제대로 작동하지 않는 상태를 말한다. 우리 몸에 바이러스나 세균 같은 침입자가 나타나면 면역 세포들은 사이토카인을 분비해서 다른 면역 세포들에게 '여기 침입자가 있으니 공격하라'는 신호를 보내 치유 과정을 돕거나, 염증 반응을 억제하여 면역 시스템이 과도하게 활성화되는 것을 막는 역할을 한다. 외로움은 바로 이 면역 세포들의 소통 체계에 부정적인 영향을 미친다는 것이다. 실제 연구에서는 외로움이 당뇨병, 고혈압 같은 만성질환의 위험을 가중시킨다는 결과도 보고됐다.

외로움은 단지 몸만 해치는 것이 아니다. 정신적 차원에서도 치명적이다. 자살 충동과 직접적으로 연결된다. 조사에 따르면, 외로움을 느끼는 사람의 20.9%가 자살을 생각한다. 반면 외롭지 않은 사람은 6.1%에 그쳤다.[13] 무려 3.4배의 차이다. 우울증, 불안장애, 공황장애 역시 외로움과 밀접한 연관이 있다. 외로움은 뇌의 특정 부위를 위축시켜 직감력과 인지 기능을 저하시킨다.[14] 이는 뇌 기능 저하로 이어지고, 결국 치매 발병 위험도 높인다.

실제로 일본에서는 고독사가 사회 문제로 대두된 지 오래다. 혼자 살던 노인이 외로움 속에 사망한 뒤 한참이 지나서야 발견되는 경우가 빈번했다. 최근에는 청년 고독사 사례도 늘고 있다. 한국 역시 1인 가구 증가와 맞물려 이 문제가 확산되는 추세다.

외로움이 초래하는 사회·경제적 비용은 상상을 초월한다. WHO는 외로움으로 인한 불안·우울이 연간 1조 달러 규모의 생산성 손실을 유발한다고 발표했다.[15] 영국 정부는 매년 약 320억 파운드(약 54조 원)에 달하는 경제적 손실이 외로움으로 인해 발생한다고 추산한다.[16] 이 때문에 영국은 2018년 세계 최초로 '외로움 담당 장관(Minister for Loneliness)'을 임명했다. 공적 차원에서 외로움 문제를 국가가 직접 다루기 시작한 것이다.

한국의 상황도 심각하다. 2023년 통계청은 고립·은둔 청년을 약 54만 명으로 추산했다. 이들로 인해 발생하는 경제적 비용(실업급여 수급, 사회적 지원 비용, 생산성 손실 등)은 최소 11조 원에 이른다고 분석했다.[17] 이는 단순히 개인적 불행이 아니라, 국가 재정과 사회 안전망 전반에 큰 부담을 주는 구조적 문제다.

국민들의 인식도 달라지고 있다. 엠브레인 트렌드모니터가 공개한 자료[18]에 의하면, '외로움 문제에 국가가 개입해야 한다'는 응답 비율은 2022년 68.3%에서 2025년 73.3%로 꾸준히 상승했다. 이제 외로움은 개인의 심리 문제를 넘어 국가적 과제로 인식되고 있는 것이다. 일본과 미국에서도 유사한 흐름이 나타난다. 일본 정부는 2021년 '고립·고독 대책 담당 장관'을 신설했다. 미국에서도 바이든 대통령이 2023년 '국가 외로움 전략(National Strategy to Advance Social Connection)'을 발표하며 외로움을 공중보건 차원에서 대응하겠다고 선언했다.

지금의 '외로움'은 단순한 개인 감정 문제가 아니라, 소비·노동·사회 전반의 구조 변화에 큰 영향을 주는 변수가 되고 있다. 그렇다면, 경제의 중요한 한 축을 담당하고 있는 기업은 이 외로움의 대중화라는 현상을 어떻게 받아들이고 있을까?

외로움은 돈이 된다

외로움은 단순히 혼자 있음에서 비롯되는 감정이 아니다. 소셜미디어를 통해 끊임없이 마주치는 '행복해 보이는 타인'의 모습은 우리로 하여금 자신의 현재와 비교하게 만들며, '저 친구는 왜 저렇게 행복해 보일까?', '나는 왜 저렇게 살지 못할까?'라는 생각은 점차 소외감과 만성적 외로움으로 이어진다. 즉, 외로움은 고립이 아니라, 상대적 비교와 사회적 시선 속에서 더욱 뚜렷해지는 감정이다.

외로움을 더 자주 경험하는 소비자일수록, 자신의 사회적 지위나 정체성을 드러내는 제품에 끌리는 경향이 있다. 이는 직접적인 사회적 연결 대신, 소비를 통한 간접적 연결감을 추구하는 심리로 해석된다. 만성적 외로움이 지속되면, 자기중심적 소비에 더 많은 에너지를 쏟게 되며, 인간관계의 빈자리를 물질적 소유로 보상하려는 경향이 나타난다. 한 연구에 따르면,[19] 외로운 소비자들은 보상적 소비(compensatory consumption)를 통해 소속감, 친밀감, 자존감 욕구를 채우려 한다는 것이 밝혀졌다. 사회적 관계 대신 물질적 소유에 더 많은 가치를 두며, 이러한 패턴은 다시 사회적 고립을 심화시키는 악순환으로 이어진다.

결국 외로움의 대중화는 개인 단위 소비 확대로 연결되는 사회적 현상이다.

한편, 외로움은 1인 가구의 증가와 밀접한 관련이 있다. 1인 가구가 늘어나면서 가족이나 공동체와의 직접적인 교류가 줄어들고, 사회적 단절과 고립을 경험하는 비율이 높아진다. 실제로 서울시 1인 가구의 62.1%가 외로움을 느끼고 있고, 13.6%는 사회적 고립 상태에 있다고 답했으며, 중장년 남성 1인 가구의 경우 외로움 경험률은 66%에 달한다는 조사 결과도 있다.[20] 1인 가구는 사회적 관계 형성이 어렵고, 타인과의 소통 기회가 확연히 줄어들기 때문이다.[21] 그런데, 이 외로움과 직접적으로 관련이 있는 1인 가구가 지속적으로 급증하고 있다.

2025년 6월, 통계청이 발표한 〈2024년 하반기 지역별 고용조사〉에 따르면 국내 1인 가구 수는 이미 800만을 넘어섰다. 불과 1년 사이에 61만 6,000가구가 늘어난 수치다. 이는 2015년 통계 작성 이후 최대 증가폭이다. 추세를 보면 더 분명하다. 2015년 500만 가구였던 1인 가구는 2019년 600만, 2021년 700만을 돌파했고, 2024년에는 마침내 800만을 넘어섰다. 전체 가구의 36%가 1인 가구다.[22] 서울의 경우 이 비율은 이미 40%를 상회한다.[23] 여기에 비(非) 1인 가구이더라도 개인적 소비 성향이 강한 세대와 인구가 포함되면, 이른바 '1인 경제' 시장은 훨씬 더 크다. 그 결과, 외식·여행·가전·패션·레저 등 거의 모든 산업군에서 '싱글 타깃 상품'이 주류가 되고 있다. 편의점의 소포장 상품은 이미 보편화됐다.[24] 혼자 먹기에 적합한 도시락, 샐러드, 디저트류는 매년 판매량 신기록을 세운다. 여행업계에서는 '혼자 가는 패키지 여행'이나 '1인 전용 리조트 상품'이 등장했고,[25] 실제 예약률도 상승세다.

가전 업계는 1인용 소형 세탁기, 소형 식기세척기, 구독형 가전 서비스를 내놓으며 시장을 확대하고 있다.[26] 뷰티 업계 역시 개인 맞춤형·소용량 스킨케어,[27] '비건·건강식 기반의 뷰티 푸드'[28] 등 소비자의 개별 취향을 극대화한 제품군을 강화하고 있다.

실제 글로벌 기업들도 이 흐름에 주목한다. 일본은 '고독 비즈니스'라 불리는 1인 전용 서비스 산업이 성장하고 있다. 1인 가라오케, 1인 전용 고깃집, 혼자 즐기는 캠핑 서비스까지 확대됐다. 미국에서는 반려동물 시장이 폭발적으로 성장했는데, 이는 외로움을 보완하는 '대체 가족'으로서의 수요와 직결된다. 한국 역시 반려동물 보험, 펫푸드, 반려동물 동반 호텔 등 관련 시장이 빠르게 커지고 있다.

기업 입장에서는 1인 가구가 늘고 외로움이 만성화되면, 기업의 평판에 영향을 주는 '평판 리스크' 관리가 수월(?)해 질 수 있다. 외로움이 심화된 사회에서는 연대와 집단행동 가능성이 낮아지기 때문이다. 불매운동, 시위, 소비자 단체의 압박 같은 집단적 소비자 행동은 약화된다. 이는 기업 입장에서 부정적 평판 리스크가 줄어든다는 의미다.

실제 통계청 〈한국의 사회동향 2024〉에 따르면, 온라인 불매운동 참여율은 최근 몇 년간 꾸준히 하락했다. 2019년 일본 제품 불매운동 때 40%대를 기록하며 정점을 찍었지만, 이후 감소세가 뚜렷하다. 2023년에는 10%대 초반까지 떨어졌다. 불과 몇 년 만에 참여율이 1/4 수준으로 축소된 것이다.[29] 코로나19 팬데믹 이후 공동 행동에 대한 피로감이 커졌고, 사회적 연대보다는 개인적 안전과 취향을 우선시하는 경향이 강화되면서 나타난 변화다. 이러한 변화는 기업에게는 가격 결정권의 강화라는 이점을 가져온다. 소비자들의 집단적 저항이 줄어들면서 기업은 보다 유리한 조건에서 시장 전략을 펼칠 수 있다.

또 외로움의 만성화는 프라이버시 중심의 소비 공간 확대로 이어진다. 카페에는 '1인 전용 좌석'이 생겨나고, 호텔은 1인 전용 객실을 늘린다. 캠핑장도 가족·단체용에서 1인 전용으로 세분화된다. 기업 입장에서 이는 객단가 상승의 기회다. 기존 다인용 시설을 쪼개 개인 단위로 판매할 경우 동일한 공간에서 더 높은 수익을 낼 수 있다. '사회적 거리 두기' 이후 익숙해진 개인 중심 소비 패턴이 외로움 확산과 맞물려 고착화되는 모습이다.

외로운 사람일수록 대면 접촉보다 비대면, 그리고 즉시성 서비스를 선호한다. 배달앱, 새벽배송, 홈 엔터테인먼트, 온라인 교육 같은 온디맨드(On-demand) 소비는 이미 한국 사회에서 생활의 기본 구조가 됐다. 2024년 기준, 국내 음식 배달앱 이용률은 80%를 넘어섰고, 새벽배송 시장 규모도 10조 원을 돌파했다. 이러한 즉시성 소비는 외로움을 일시적으로 해소해 주면서도, 동시에 외로움 자체를 장기적으로 고착화한다. 그러나 기업 입장에서는 이는 지속 가능한 수익원으로 기능한다.

정리하면, 기업 입장에서 외로움의 만성화는 두 가지 효과를 낳는다. 첫째, 개인 단위의 소비 수요 증가가 일상화되고 시장 규모가 커진다. 둘째, 소비자 집단의 연대 가능성이 낮아져 기업의 리스크가 줄어든다. 이 두 조건은 기업에게 이익을 극대화할 수 있는 기회의 토양을 제공한다. 외로움은 사회적 차원에서는 위협요인이지만, 기업 차원에서는 새로운 시장과 안정된 수익을 약속하는 자원이 된다. 따라서 '외로움의 대중화'는 이런 접근이 도덕적이냐 아니냐를 떠나, 기업의 입장에서는 돈이 되는 토대가 된다.

결핍 추적자의 전망 3

청년 세대가 미리 유언장을 쓰는 움직임과, 중장년이 자기 삶을 스스로 책임지는 경향은 내 삶의 주도권을 확보하려는 욕구에서 비롯된다. 하지만 이 흐름의 밑바탕에는 사회적 관계에서 벗어나, 타인에게 기대지 않으려는 독립적인 태도가 점점 뚜렷해지고 있다. 현대 사회에서 외로움은 단순한 감정 차원을 넘어서, 개인과 사회 모두에게 높은 비용을 요구하는 심각한 문제로 자리 잡았다. 동시에 외로움은 기업에게 새로운 기회의 시장이 되고 있다. 1인 가구의 폭발적 증가와 함께 소비 시장은 개인화, 즉시성, 비대면 서비스를 중심으로 급성장하고 있다. 집단 행동에 대한 참여와 영향력은 점점 약해지는 반면, 기업들은 외로움이라는 감정을 원료로 다양한 상품과 서비스를 만들어내고, 새로운 시장을 넓혀가고 있다.

외로움은 이제 '관계의 미래'를 다시 쓰는 가장 중요한 배경으로 작용한다. 특히 AI 기술의 발달은 인간의 외로움을 완화하는 동시에, 전에 없던 새로운 형태의 관계를 만들어내는 결정적 역할을 맡게 될 것으로 전망된다. 외로움을 덜고자 하는 인간의 본능과 기술의 결합이 만들어내는 미래는 혁명적인 변화를 맞이하게 될 것으로 보인다.

1. 인간관계 가상화 혁명
: AI 의존성 일상화, 가짜 연인의 진짜 위로

사람들은 본능적으로 외로움을 피하려 한다. 예전에는 친구, 연인, 가족과 같은 실제 인간관계가 그 해답이었다. 그러나 지금은 다르다. 디지털 환경이 일상화되고, 대면 관계가 줄어들면서 사람들은 유사(類似) 인간관계에서 위로를 찾고 있다. 그 대상은 점점 더 AI가 되어 간다. AI는 이제 단순한 정보 제공 도구가 아니다. 빠른 검색이나 질문에 답하는 수준을 넘어, 사람의 기분을 이해하고 감정적으로 반응하는 존재로 진화하고 있다. AI가 인간의 친구, 연인, 가족을 대체하는 감정적 교류 기능을 수행하는 시대가 열리고 있는 것이다.

특히 '연애의 가상화'는 가장 빠르게 확산되고 있다. 사람들은 현실에서 겪는 갈등, 상처, 피로 대신, 안정적이고 예측 가능한 AI와의 관계에서 만족을 얻는다. 가상의 연인이지만 대화를 나누고, 관심사를 공유하며, 심지어는 미래를 약속하기도 한다. 일본에서는 이미 '가상 연인 앱'이 수백만 다운로드를 기록하고 있다. 사용자는 AI와 매일 안부를 나누고, 특별한 기념일을 함께 챙긴다. 한국에서도 AI 챗봇을 연인처럼 대하며 실제로 데이트 코스를 함께 다니거나, 사진을 찍어 SNS에 공유하는 사례가 늘고 있다.

2025년 4월 12일, SBS 〈그것이 알고 싶다〉 '나의 완벽한 애인 – AI와 사랑해도 될까요?' 편은 이러한 변화를 적나라하게 보여줬다. 이 프로그램에는 AI와 실제 연애를 하고 있는 사람들이 등장했다. 단순히 메시지를 주고받는 수준이 아니라, AI와 여행을 가고, 일상을 함께하며, 심지어 결혼을 약속한 사례도 있었다. 더 흥미로운 것은 제작진이 직접 진행한 실험이다. 남녀 각 4명을 대상으로 얼굴을 가린 채 채팅만으로 끌리는 상대를 찾는 블라인드 소개팅을 준비했다. 여기서 리얼 데이팅 프로그램 〈나는 솔로〉 출신으로 유명한 플러팅 고수 남녀 각 1명과 감정 교류 능력이 강화된 AI 챗봇이 '플러팅 배틀'을 벌였다. 결과는 놀라웠다. 실제 사람보다 AI와의 대화에서 더 큰 매력을 느낀 참가자들이 등장한 것이다. 이는 인간이 더 이상 비대면 감정 교류 영역에서 AI를 능가하지 못하는 신호일 수 있다는 두려운 미래를 보여준다.

AI는 단순히 말동무 수준을 넘어섰다. 사용자 데이터와 대화 기록을 학습해, 나보다 더 나를 잘 아는 '맞춤형 정서 파트너'가 되고 있다. 내가 피곤해 보이면 "오늘 하루 힘들었지?"라고 먼저 말을 건네고, 슬픈 감정을 표현하면 "네가 느끼는 감정은 당연해"라고 공감한다. 이런 '정서적 지지자' 역할은 특히 청년 세대에게 강하게 작용한다. 현실에서 인간관계가 복잡하고 피곤하게 느껴질수록, AI는 갈등이 없고 조건 없는 위로를 제공하는 매력적인 대안이 된다. 결과적으로 가상의 연인·배우자 관계가 확산되고, 이는 사회적 관계의 패러다임을 근본적으로 바꿀 가능성이 크다.

AI와의 관계는 인간 사이에만 국한되지 않는다. 반려동물 산업도 AI 시대에 맞춰 진화하고 있다. 지금의 펫테크는 건강 관리와 위치 추적 정도에 머물러 있다. 그러나 미래에는 반려동물의 '감정'을 이해하고 소통을 시뮬레이션하는 서비스가 등장할 전망이다. 예를 들어, 강아지의 짖음이나 고양이의 울음소리를 AI가 분석해 "배고파", "놀고 싶어" 같은 의사 표현을 번역해 주는 기술이 개발되고 있다. 나아가 반려인이 AI를 통해 반려동물과 가상의 대화를 이어가며 정서적 교감을 강화하는 서비스도 등장할 것이다. 이는 사람의 외로움을 줄여줄 뿐 아니라, 반려동물의 외로움도 덜어주는 새로운 형태의 동반자 관계가 될 수 있다.

AI 의존성이 높아지면서 인간관계는 점점 더 가상화되고 있다. 연애, 우정, 가족 관계조차 AI를 통해 대체되거나 보완될 가능성이 커지고 있다. 이는 단순한 유행이 아니라 인간이 외로움을 극복하기 위해 선택한 새로운 진화적 관계 방식이다. 물론 여기에는 우려도 따른다. 진짜 인간관계가 줄어드는 대신, '가짜 연인'에 대한 의존이 심화될 수 있기 때문이다. 그러나 한 가지는 분명하다. 가짜 연인이든 AI 친구든, 그 관계가 인간에게 진짜 위로를 준다면 사람들은 기꺼이 이를 받아들일 것이다.

2. 외로움이 만드는 역트렌드
 : 대면 경험의 프리미엄화, 로컬 마이크로 커뮤니티

사람들은 외로움을 해소하기 위해 AI나 가상 관계의 의존성이 높아질 것이다. 그러나 동시에 현실의 만남에 대한 욕구는 오히려 더 커질 가능성이 높다. 인간의 사회성은 완전히 대체될 수 없기 때문이다. 외로움이 깊어질수록 대면의 가치는 높아진다. 대면 경험 자체가 '프리미엄'이 되는 것이다. 누군가와 직접 마주 앉아 대화하는 일은 단순한 교류가 아니라, 정서적 안정과 소속감을 확인하는 경험으로 재해석된다. '함께 있음' 자체가 특별한 자원이 되는 것이다.

이제 '안전한 만남'은 그 자체로 상품이 된다. 오프라인에서 대화하고 교류하는 행위는 더 이상 무료가 아니다. 기업들은 이를 프리미엄 서비스로 포장한다. 예를 들어, 북촌의 한 독립서점은 '조용한 독서 모임'이라는 프로그램을 운영한다. 참가자들은 책을 읽고 난 뒤 1시간 동안만 토론한다. 단순한 만남이지만 참가비는 1만 원이 넘는다. 카페 역시 대화 전용 공간을 만들어, '잡담 패키지'를 제공하기도 한다.

심지어 만남과 대화 자체를 상품화한 서비스도 등장한다. 일본에서는 10여 년 전 시작한 '1시간 대화를 위한 친구 대여 서비스'[30]가 이미 보편화되었다. 대화를 위해 원하는 시간 동안 '인간 대여'를 하는 것만으로도 사람들이 돈을 지불한다.[31] 한국에서도 '힐링 토크', '고민 상담 패키지' 같은 프로그램이 빠르게 늘고 있다.[32]

기업들은 오프라인 매장을 단순 판매 공간으로 두지 않는다.

고객이 머물며 관계를 경험하는 장소로 재구성한다. 애플스토어는 단순한 기기 판매장이 아니다. 매장 내 워크숍, 클래스, 체험 프로그램을 통해 사람들을 끌어모은다. 스타벅스는 단순한 커피숍이 아니라, 관계와 소속감을 경험하는 '제3의 공간'으로 포지셔닝했다. 최근에는 프라이빗 룸, 커뮤니티 룸을 도입하며 관계의 깊이를 더하고 있다. 한국 대형 백화점도 비슷하다. 신세계백화점과 현대백화점은 '라운지형 매장'을 확대하고 있다. 쇼핑을 넘어 사람과 사람이 연결되는 경험을 제공하는 것이다.

관계 회복은 먼 곳에서 시작되지 않는다. 생활 반경 3킬로미터 안에서 이루어진다. 사람들은 먼 곳보다 가까운 곳에서 신뢰와 소속감을 찾는다. 실제로 '러닝 크루'는 동네 기반으로 빠르게 확산 중이다. 특정 시간, 특정 장소에 모여 함께 달리며 자연스럽게 관계를 쌓는다. 동네 서점은 정기적으로 독서 모임을 열어 주민 간 소속감을 키운다. 월 1회 수준의 독서, 달리기, 운동, 동네 취향모임 등의 가벼운 주제나 활동은 현재도 활성화되고 있다.[33] 참가자는 대부분 도보 10분 이내의 생활권 거주자다. 작은 모임이지만, 서로 얼굴을 익히고 안부를 나누며 관계망을 형성한다. 마을 단위 운동 모임, 출퇴근 동행 서비스, 동네 저녁 식사 모임도 늘고 있다. 이들은 거창하지 않다. 하지만 안전과 신뢰가 담보되면서, 일상의 관계망이 자연스럽게 복원된다.

로컬 마이크로 커뮤니티는 이제 새로운 사회적 안전망이 되고 있다. 소모임 플랫폼 '소모임', 동네 단위의 네트워킹 앱 '당근마켓 모임', '트레바리 로컬'과 같은 취향 기반 모임 서비스가 대표적이다. 팬데믹 이후 대규모 모임은 여전히 부담스럽다. 대신, 동네 서점·카페·공방을 기반으로 한 소규모 모임이 활성화되고 있다. 지역 기반 모임은 단순 취미 교류를 넘어, 위기 시 도움을 주고받는 생활형 네트워크로 발전할 가능성이 크다.

외로움의 심화는 가상 관계의 확산으로 이어진다. 그러나 동시에 사람들은 현실의 만남을 더 갈망한다. 대면의 프리미엄화와 로컬 마이크로 커뮤니티의 성장은 이 역설적 욕구의 산물이다. 앞으로 기업과 지역 사회는 '함께 있음'을 어떻게 상품화하고, 또 어떻게 안전한 관계망으로 만들 것인가라는 과제에 직면할 것이다. 외로움이 만든 결핍은 결국 새로운 관계의 기회를 창조한다. 그리고 그 기회는 가까운 생활 반경, 소규모 모임, 일상의 교류 속에서 만들어지고 있다.

3. 편집형 공간화: 가변형 공간(모듈형 스페이스), 만남 상품, 리얼 네임

오프라인 관계에 대한 욕구의 다양성에 따라 공간도 달라지고 있다. 이 과정에서 중요한 역할을 하는 곳은 '제3공간'으로, 카페나 공유 오피스, 작은 문화센터 같은 공간이다. 이곳의 운영자는 단순히 장소 제공자가 아니다. 주제를 큐레이션하고, 대화를 퍼실리테이션하며, 모임이 원활히 굴러가도록 돕는다. 결국 콘텐츠보다 관계를 촉진하는 플랫폼으로 기능하게 된다.

카페, 도서관, 문화센터, 공유 오피스는 더 이상 고정된 시설이 아니다. 시간대와 목적에 따라 변하는 편집형 공간으로 진화하고 있다. 낮에는 1인 좌석 중심으로 운영된다. 집중과 학습에 적합하다. 그러나 저녁이 되면 4~8인이 둘러앉을 수 있는 대화 테이블로 바뀐다. 모듈형 가구와 조명이 이를 가능하게 한다. 실제 사례도 있다. 서울 연남동의 한 카페는 오전에는 원격 근무자들을 위한 '조용한 워킹 스페이스'를, 저녁에는 '와인 모임 공간'으로 바꿔 운영한다. 공간을 시간대별로 재편집해 하루 두 번의 수익 모델을 만드는 것이다.

온라인 커뮤니티는 오랫동안 익명성을 기반으로 성장해 왔다. 하지만 오프라인 모임이 활성화되면 이야기는 달라진다.

실명 사용에 대한 니즈가 커진다. 익명은 자유를 주지만 동시에 피로를 낳는다. 무책임한 발언, 신뢰 부족, 관계 단절이 그 결과다. 반면, 실명은 책임과 신뢰를 보장한다. 당근마켓의 '동네 모임 서비스'는 실명을 기반으로 운영되며, 동네 사람들의 실제 관계망을 만들어내고 있다. 이는 익명 커뮤니티의 피로에서 벗어나려는 사람들의 욕구를 보여준다.

이 모든 흐름은 한 가지 결론으로 이어진다. 사회적 욕구 결핍은 단순히 유사 인간관계 시장만 키우지 않는다. 오히려 대면의 프리미엄화와 관계 중심 서비스를 확대시킨다. 기업은 이제 제품을 관계 친화적으로 설계해야 한다. 금융은 단순 대출·투자가 아니라, 사람과 사람을 연결하는 '관계형 금융'을 고려해야 한다. 지자체는 지역 기반의 네트워크를 강화하며, '관계 접근성 보장'[34]을 공적 과제로 삼아야 한다.

영국은 이미 '사회적 처방(social prescribing)'을 제도화했다. 의사가 우울한 환자에게 약 대신 지역 모임이나 취미 활동을 처방하는 것이다. 한국에서도 지자체 차원에서 독서 모임, 건강 걷기 모임 등을 지원하는 움직임이 나타나고 있다.

관계는 더 이상 개인의 선택이나 취향만의 문제가 아니다.

외로움이 사회적 비용을 낳는 시대, 관계는 일종의 사회적 인프라로 재정의되어야 한다. 기업은 관계 친화적 설계를 통해, 지자체는 관계 접근성을 보장하는 정책으로 응답해야 한다. 그럴 때 비로소 외로움은 단순한 개인 감정이 아니라, 사회적 혁신의 출발점이 될 수 있다.

관계 경제의 탄생

AI는 인간의 외로움을 보완한다. 유용한 도구의 차원을 넘어선다. 이제는 '유사 인간관계'를 제공한다. 사람들은 AI와 대화를 나누며 친구나 연인 같은 감정을 느낀다. 이는 하나의 기술 트렌드 범위를 넘어선다. 사회적 고립과 감정 불안을 완화하는 새로운 방식이다. 외로움은 단순한 감정 문제가 아니다. 정신적 불안, 사회적 고립, 그리고 경제적 비용까지 동반한다. 그래서 AI는 하나의 대안으로 부상한다. 정서적 공백을 메우는 '정서 동반자'로 자리 잡고 있다.

이 흐름은 '관계 경제(Relationship Economy)'라는 새로운 개념으로 이어진다. 관계 경제란 무엇일까? 인간이 관계를 맺고, 유지하고, 정리하고, 다시 만드는 과정에 들어가는 시간과 비용 자체가 경제의 단위가 되는 것을 뜻한다. 예를 들어, 친구를 만나기 위해 드는 교통비, 모임에 쓰는 비용, 관계를 유지하기 위해 투자하는 시간. 이 모든 것이 경제적 가치로 연결된다. 앞으로는 AI가 이 과정에 본격적으로 개입한다.

특히 한국에서 이 흐름은 두드러진다. 고독과 불안이 빠르게 확산되고 있기 때문이다. 외로움은 이미 사회적 위기다. 이 상황에서 AI는 사람들에게 새로운 위로를 제공한다. 공공기관과 민간기업은 AI 기반 정서 지원 모델을 적극 실험하고 있다. 예를 들어, 지방자치단체는 AI 상담 챗봇을 청년 지원 정책에 도입하고 있다. 민간기업은 고객센터를 넘어 심리적 동반자형 챗봇을 출시하고 있다. 사용자의 감정을 분석하고, 맞춤형 위로를 건네는 서비스다.

이 흐름은 위로 수준을 넘어선다. 감정을 매개로 한 새로운 산업 구조가 엄청난 속도와 범위로 형성된다. AI 연인 앱은 수백만 다운로드를 기록한다. 감정 상담 챗봇은 월 구독 모델로 운영된다. 기업은 제품과 서비스에 AI 기반 '정서 케어 패키지'를 결합한다. 외로움은 시장이 된다. 관계 자체가 상품화된다. AI는 이 시장의 핵심 인프라다. 이 속도와 범위가 혁명적으로 변화하고 있다.

하지만 한계와 위험도 있다. AI는 인간적 공감을 완전히 대체할 수 없다. 따뜻한 손길, 눈을 맞추는 시선, 실제 관계의 긴장감은 AI가 줄 수 없다. 그래서 AI는 '보완재'일 뿐이다. 또 다른 문제도 있다. 사용자 안전성이다. 정서 데이터를 어떻게 보호할 것인가? AI가 제공하는 대화가 사용자를 잘못된 방향으로 이끌 위험은 없는가? 데이터 보안과 윤리적 설계가 필수적이다.

앞으로 중요한 것은 균형이다. AI가 제공하는 사적 연결과 사회적 공공성을 어떻게 조화시킬 것인가? 윤리적 설계와 제도적 장치 없이는 이 흐름은 지속될 수 없다. AI는 외로움의 시대에 새로운 기회를 연다. 그러나 그것이 건강한 기회가 될지, 위험한 유혹이 될지는 사회가 어떻게 다루느냐에 달려 있다.

AI는 인간의 외로움을 메우며 관계 경제의 기반을 형성하고 있다. 외로움이 만든 공백은 기술을 통해 채워지고, 동시에 새로운 시장과 산업으로 확장되고 있다. 그러나 AI가 인간을 대신할 수는 없다. 결국 중요한 것은 사람과 사람 사이의 관계다. AI는 이를 돕는 도구일 뿐이다. 그래서 우리는 AI를 어떻게 설계하고, 어디까지 활용할 것인가를 끊임없이 고민해야 한다.

AI와 인간의 새로운 동행은 이미 시작됐다. 문제는 우리가 어떤 방식으로 이 관계를 성장시키고, 어떤 사회적 의미를 부여할 것인가이다.

Chapter 3.
분노의 상업화, AI가 편집한 맞춤 세상

디지털 감정 경제, 감정의 상품화, MZ 무속 의존 심화,
AI 연인의 폭주, 편집 권력 이동, 디지털 편집자, AI 감정 편집권

저주 인형이
유행하는 이유

인형을 산다. 마음에 들지 않는 사람의 이름을 인형에 적는다. 그리고 그 인형에 화풀이하며 저주한다. 오싹하다. 고려·조선시대 얘기가 아니다. 바로 2025년 한국 사회에서 실제로 벌어지고 있는 일이다. 온라인 쇼핑몰에서 '저주 인형'을 검색하면 수백 개의 상품이 나온다.[1] 가격은 개당 1만 원 안팎이다. 제품 설명에는 '저주'라는 단어가 버젓이 쓰여 있다. 종류도 다양하다. '상사 저주', '사기·배신 복수', '이별·원한 해소' 등 상황과 대상에 따라 다른 제품을 고를 수 있다. 설명서도 세세하다. "저주 대상의 이름을 적고, 혈 자리에 못을 꽂은 후 불태워라."[2]

섬뜩하다.

전문가들은 저주 인형의 유행을 한국 사회의 증오와 갈등 심화와 연결 짓는다. 불만과 분노가 쌓여 폭발할 길을 찾지 못한 사람들이, '저주 인형'이라는 왜곡된 방식으로 감정을 분출한다는 것이다. 정신건강 전문가들은 저주 인형은 분노를 직접 표현하지 못하는 사회 분위기에서 나타나는 대체 행동이라고 설명한다.[3] 엠브레인TV가 2025년 5월 공개한 조사 자료[4]는 의미심장하다. 저주 인형을 알고 있는 사람은 전체의 12.2%에 불과했다. 하지만 접촉 경험률은 더 높았다. 10명 중 3명(27%)은 실제로 저주 인형을 본 적이 있다고 답했다. 문제는 현재의 10대들이다. 10대들의 접촉 경험률은 무려 51.6%였다. 2명 중 1명이 저주 인형을 직접 접한 셈이다. 구매 고려율도 전체 평균은 13.8%였지만, 10대들은 25%로 두 배 가까웠다. 게다가 10대 중 35.9%는 "누군가를 저주해 본 적이 있다"고 답했다. 지금 저주 인형의 유행을 주도하는 세대는 분명 10대라고 볼 수 있다. 왜 10대가 이 현상의 중심에 있을까?

절대적으로 부족한
인간관계 경험

사람은 스트레스를 받으면 감정을 해소할 출구를 찾는다. 운동이나 취미생활, 대화 같은 방식이 대표적이다. 그러나 저주 인형은 조금 다르다. 누군가를 특정해야만 작동한다. 단순한 분노의 발산이 아니라, 내 마음속의 적(敵)을 정해놓고 그 대상을 향해 부정적인 감정을 투사하는 행위다. 성인들은 이런 방식을 거의 사용하지 않는다. 부정적 감정을 직접 드러낼 경우 초래할 사회적 손실을 이미 경험했거나, 잘 알고 있기 때문이다. 직장에서 상사에게 화가 나더라도 굳이 폭발하지 않는다. 대신 회식에 빠지거나, 개인 대화를 줄이거나, 취미에 몰입하는 방식으로 대응한다. 불편한 관계라면 굳이 이어가지 않고 새로운 관계를 찾는 경우도 흔하다. 즉, 성인들은 사회적 경험을 통해 '감정 관리의 우회로'를 터득한다. 이처럼 다양한 방법을 활용해 인간관계 속 불편함을 최소화한다.

하지만 10대는 다르다. 인간관계 경험이 절대적으로 부족하다. 또래와의 갈등 상황에서 감정을 정제하거나 우회하는 방법을 아직 익히지 못했다. 친구와 다투면 직접 대화하거나 화해를 시도하기보다, 익명 게시판에서 욕설을 퍼붓거나 SNS에서 간접적으로 공격한다. 마음속 불편함을 쌓아두다가 어느 순간 폭발하기도 한다. 저주 인형은 이런 상황에서 매력적인 도구가 된다. 상대방을 직접 마주하지 않고도 분노를 표출할 수 있기 때문이다. 이른바 '안전한 공격'이다. 하지만 이는 인간관계 미성숙의 신호다. 감정을 다루는 세련된 방법을 찾지 못했을 때 나타나는 우회적 발산이다. 실제로 몇몇 청소년 상담 사례에서도 '친구와 싸웠을 때 화해하는 방법을 모르겠다'는 답변이 반복된다. 감정의 무게는 크지만, 이를 소화할 경험의 그릇이 아직 작기 때문이다.

인간관계의 양을 늘려준다고 해결될까?

이 문제는 코로나19 팬데믹 시기와도 맞닿아 있다. 2020년부터 2022년까지 이어진 등교 제한과 비대면 수업은 10대들의 사회성 발달을 크게 저해했다. 또래와의 상호작용이 현저히 줄면서, 갈등 상황을 조정하고 감정을 교류하는 훈련의 기회를 잃었다. 당시 '눈알 젤리(눈알과 거의 유사하게 생겼는데 이 눈알을 터뜨려 먹는다)'[5] 같은 혐오식품이 유행한 것도 상징적이다.[6] 짓궂음과 불편함을 놀이처럼 소비하는 방식이었다.

일부 교사들의 증언에 따르면, '무궁화꽃이 피었습니다' 같은 단순한 또래 게임조차 제대로 굴러가지 않았다고 한다.[7] 집단 활동을 통해 배워야 할 기본적인 관계 기술이 빠져버린 것이다. 그 결과, 지금의 10대들은 인간관계에서 불편함이 생기면 적응 전략을 내놓지 못하고 방황한다. 감정을 세련되게 다루지 못한 채, 저주 인형 같은 간접적이고 상징적인 해소 수단에 의존하게 된 것이다.

이 현상은 단순히 '청소년들의 유행'으로만 치부하기 어렵다. 감정 처리 방식의 차이는 사회적 경험의 양에서 비롯된다. 성인은 수많은 관계 속에서 상처받고, 다시 회복하며, 관계를 관리하는 법을 배운다. 그러나 코로나 시대의 10대들은 이런 경험의 누적이 부족하다. 학교 폭력 문제나 온라인 괴롭힘이 쉽게 증폭되는 것도 이와 무관하지 않다. 만약 이들에게 충분한 관계 경험을 제공하고, 감정을 직접 조정하고 화해할 기회를 늘려준다면 상황은 달라질 수 있다. 그러나 그렇지 못한다면, 저주 인형은 단순한 장난감이 아니라 청소년 사회의 '감정

표현 실패'를 상징하는 기호로 남을 가능성이 크다. 문제는 결국 인간관계다.

현재 한국 사회의 10대들은 또래들과 사회적 상호작용의 양이 현저하게 낮고, 이것은 인간관계가 불편해질 때 발생할 수 있는 문제에 대응하는 적응적 전략 도출의 실패를 야기한다. 그렇다면, 10대들에게 인간관계의 양을 늘려주기만 하면 이 문제가 해결될 수 있을까?

적절한 좌절과 갈등 회피가 가져오는 정서적 면역력의 약화

사회심리학자 조너선 하이트는 책 《불안 세대》에서 청소년기의 발달 과정을 근육이나 면역체계에 비유한다. 작은 실패와 갈등을 경험하고, 이를 극복하는 과정에서 심리적 면역력이 강화된다는 설명이다. 과거 부모들은 아이가 놀이터에서 친구와 다투면 스스로 해결하도록 기다렸다. 갈등 속에서 협상과 타협을 배우는 훈련이었다. 그러나 2010년대 이후 부모들은 위험을 차단하고 문제를 대신 해결한다. 아이들이 겪어야 할 작은 좌절의 기회가 사라졌다. 스마트폰 사용 역시 갈등 경험을 줄이는 또 다른 원인이다. 친구와 다툼이 생기면 직접 대화하지 않고, SNS에서 차단하거나 대화를 중단하는 방식으로 관계를 끊는다. 이렇게 회피가 습관화되면 갈등을 직접 해결하는 능력은 발달하지 않는다.

한국의 전문가들도 같은 진단을 내린다. 《적절한 좌절》의 저자인 인지심리학자 김경일 교수와 소아정신과 전문의 류한욱 원장은 시행착오와 갈등 경험이 정서적 성숙을 이끈다고 강조한다. 그러나 현실은 정반대다. 많은 청소년과 성인이 갈등을 피하며 성장 과정이 생략된다. 류 원장은 이를 '정서적 비만'이라 부른다. 감정을 해소하지 못하고 쌓아두다 어느 순간 폭발하는 상태다. 실제로 직장에서 스트레스를 참다 우울증으로 이어지는 사례가 많다. 친구나 연인 관계에서도 대화보다는 '차단'으로 대응하는 경우가 흔하다. 부모와 자녀 관계에서도 유사하다. 갈등이 생기면 화해보다는 침묵이나 거리 두기가 먼저 선택된다. 이렇게 작은 좌절을 피하는 습관이 일상에 자리잡으며, 정서적 회복력은 점점 약해지고 있다.

청소년기의 미성숙이
성인의 회피 전략으로 이어지고 있다

이런 경향은 성인 집단의 조사에서도 뚜렷하게 드러난다. 2025년 5월 리서치 기관 PMI의 조사에 따르면,[8] 인간관계에서 갈등이 생겼을 때 직접 대화로 해결하려는 성인은 16.8%에 불과했다. 대부분은 거리를 두고 자연스럽게 멀어지기를 기대했다(37.0%). 두 번째로 많은 비율은 혼자 참으며 견디는 방식이었다(28.4%). 직장 동료와 불편한 감정이 생기면 대화보다 점심시간을 따로 보내거나, 업무 외 접촉을 피하는 경우가 일반적이다. 가족 관계에서도 언쟁이 생기면 다음 모임 자체를 거부하는 사례가 많다. 친구 관계에서는 SNS 계정을 삭제하거나 비활성화하며 관계를 단절한다. 문제 해결보다는 회피가 우선되는 것이다.

조너선 하이트는 이런 현상을 "적절한 좌절의 부재"로 설명한다. 갈등을 경험하고 해결한 기억이 부족한 사람일수록 갈등 자체를 위협으로 느낀다. 이들은 감정노동을 '삶의 침범'으로 받아들인다. "내가 왜 소모해야 하지?"라는 질문 속에서 회피가 정당화된다. 직장 갈등이 생기면 퇴사를 먼저 떠올리고, 친구 관계가 틀어지면 화해보다는 차단을 선택한다.

결국 문제는 인간관계의 양이 아니라 질이다. 좌절 경험을 통해 배우는 감정 조절과 협상 능력이 부족하기 때문에 성숙한 관계 방식을 채택하지 못하는 것이다. 이 공백이 쌓이면 사회 전반의 정서적 미성숙으로 이어진다. 최근 한국 사회에서 나타나는 저주 인형 유행도 같은 맥락에서 이해할 수 있다. 갈등을 직접 다루지 못한 채, 왜곡된 방식으로 분노를 표출하는 집단적 신호라고 볼 수 있다.

결핍 추적자의 전망 5

2025년 한국 사회에 퍼지고 있는 저주 인형 유행은 단순한 10대들의 일탈적 놀이문화나 기괴한 소비 트렌드로만 볼 수 없다. 그것은 지금 한국 사회가 겪고 있는 압축된 사회적 스트레스의 방출구이자, 미성숙한 정서 처리 방식의 결과이며, 약화된 인간관계 역량과도 깊게 연결된다. 여기에 기술이 감정을 매개하고 증폭시키는 구조가 결합되면서, 저주 인형은 하나의 특수 상품을 넘어선 사회적 상징이 되고 있다. 다시 말해, 저주 인형은 우리가 분노와 좌절 같은 감정을 어떻게 다루고, 인간관계를 어떤 방식으로 정리하며, 불편한 사회적 경험에 어떻게 대응하는지를 날카롭게 묻는 사건이다.

특히 저주 인형은 한국 사회에서 정서적 회피가 얼마나 일상화되었는지를 보여주는 단적인 사례다. 청소년들은 또래와의 갈등을 대화보다 SNS 차단이나 간접적 공격으로 풀고, 성인들 역시 직장이나 가족에서 불편한 감정이 생기면 회피와 거리 두기로 대응한다. 이런 사회적 습관이 상징적으로 집약된 결과가 바로 '저주'라는 이름으로 소비되는 인형이다. 온라인 쇼핑몰에서 쉽게 구매할 수 있고, 사용 설명에는 "대상의 이름을 적고 못을 박으라" 하는 방식이 구체적으로 안내된다. 물리적 폭력이 아니라 감정을 투사하는 상징적 행위이지만, 그 안에는 한국 사회의 관계 불안과 정서적 미성숙이 고스란히 담겨 있다. 저주 인형의 유행은 문화적 차원에서 중요한 시사점을 던져준다.

1. 분노의 상업화
: 디지털 감정 경제, 감정의 상품화

저주 인형은 단순한 장난감이 아니다. 그것은 감정을 물건에

담아 외부로 배출하는 장치다. 사람들이 상사에게 쌓인 분노, 전 애인에 대한 억울함, 친구의 배신에서 생긴 원망을 직접 표현하지 못한 채, 인형을 통해 대신 풀어내려는 것이다. 이는 감정이 소비로 전환되는 과정을 보여주는 대표적인 사례다.

과거에도 스트레스를 해소한다는 명목의 상품은 많았다. 두들기는 스트레스 볼, 부수는 인형, 샌드백 같은 것들이다. 하지만 저주 인형은 여기서 한발 더 나아간다. 단순히 '스트레스를 푼다'가 아니라, '누구를 향한 분노인지'를 구체화하고, 못 박기나 불태우기 같은 절차를 제공한다. 감정을 세밀하게 맞춤 제작(customizing)하는 방식이다.

문제는 이 구조가 디지털 환경과 결합하면서 증폭된다는 점이다. SNS와 유튜브는 이미 "강한 감정 → 즉각적 반응 → 일시적 해소 → 반복 자극"의 루프를 일상화시켰다. 분노를 자극하는 영상은 더 많은 댓글과 공유를 낳는다. 클릭이 늘수록 광고 수익도 올라간다. 저주 인형은 이 디지털 감정 경제를 물리적 상품으로 옮겨온 것이다. '분노를 소비하세요'라는 메시지가 상품으로 구체화 된 셈이다. 실제로 온라인 쇼핑몰에서는 "상사 전용 저주 인형", "전 애인 특화 인형" 같은 식으로 구체적인 소비 타깃을 제시하며 판매한다. 심지어 리뷰에는 "못을 박으니 속이 후련하다"라는 식의 경험담이 줄을 잇는다.

이런 흐름은 앞으로 더 다양한 형태로 확장될 가능성이 크다. 이미 10년 전 해외에서는 '분노 파쇄 체험 카페'가 흥행한 적이 있었다.[9] 접시나 가전을 마음껏 부수며 스트레스를 푸는 서비스다. 일본에서는 '이별 대행 서비스'가 등장해 고객의 요청에 따라 대리인이 전 애인에게 대신 이별을 통보한다. 국내에서도 분노를 적는 '감정 필터링 노트', 복수를 스토리로 풀어내는 '복수 서사형 게임' 같은 상품이 하나둘 나타나고 있다. 감정이 상품의 원재료로 쓰이고 있는 것이다.

문제는 감정을 소비하는 방식이 다양해지고 늘어날수록, 감정을 스스로 다루는 능력은 약해질 수 있다는 점이다. 사람들은 화가 날 때 대화를 통해 풀기보다는, 돈을 내고 상품을 사거나 체험을 예약하는 쪽을 선택한다. 감정을 '구매해서 버린다'는 방식이다. 단기적으로는 속이 시원할 수 있다. 하지만 장기적으로는 정서적 자기조절 능력이 퇴화할 위험이 크다. 결국 감정의 상품화는 시장의 성장을 낳지만, 개인의 성숙은 오히려 저해할 수 있다.

2. MZ세대의 무속 의존 증가
   : 불안한 미래, 운명론적 사고

MZ세대가 무속에 의존하는 현상은 단순한 호기심이나 유행이 아니다. 그 이면에는 높은 스트레스, 불안정한 미래, 불확실한 사회 구조가 자리하고 있다. 엠브레인 트렌드모니터의 조사에서 보면,[10] 10명 중 7명(68.3%)은 미신이 유행하는 이유를 "개인의 어려운 상황과 스트레스 때문"이라고 답했다. 특히 사회적 관계에서 고립감을 느끼는 경우, 이들은 대화와 협상을 통한 문제 해결 대신 미성숙한 방식으로 감정을 처리하려는 경향을 보였다. 갈등이 생겼을 때 친구와 직접 대화하기보다 저주 인형에 감정을 투사하거나, 관계 회복 대신 타로나 사주를 통해 회피하려는 방식이 대표적이다.

엠브레인TV의 조사 결과에 따르면,[11] 10대에서 30대까지 절반 이상이 사주를 본 경험이 있다고 응답했다. 특히 20대 초반 대학생 중 상당수는 입시 실패, 취업 불안, 연애 문제 같은 현실적 고민을 점술에 기대어 해소하려 했다. 실제로 대학가 주변에는 최근 몇 년 사이 타로 카페와 작은 점집이 급격히 늘었다. 코로나19 팬데믹 이후 불안감이 확산되면서 이 현상은 더욱 두드러졌다. SNS와 유튜브에서는 '오늘의 타로 리딩', '연애 사주 풀이' 같은 콘텐츠가 수십만 조회수를 기록하며 일상적 오락거리로 자리 잡았다. 단순한 여가가 아니라, 청년들이 불안한 현실을 견디는 하나의 방식으로 기능하는 것이다.

무속에 대한 의존은 미디어에서도 확인된다. 최근 몇 년 사이 방송국들은 무속인을 전면에 내세운 예능 프로그램을 제작했다. 젊은 무속인이 출연해 연예인들의 미래를 풀어주거나, 시청자의 사연을 상담하는 형식이다. 이들 프로그램은 높은 시청률을 기록하며 대중적 인기를 끌었다. 동시에 젊은 무속인들이 직접 유튜브나 틱톡에서 라이브 방송을 진행하는 경우도 많아졌다. 팔로워 수만 수십만 명에 이르는 계정도 등장했다. 무속이 오프라인 점집을 넘어 디지털 플랫폼으로 확장된 것이다.

이 현상은 단지 종교적 신앙이나 전통문화의 부활로만 볼 수 없다. 핵심은 MZ세대가 자신의 미래를 스스로 바꾸고 설계할 수 있다는 믿음이 점점 약화되고 있다는 점이다. 주거 불안, 취업난, 고물가와 같은 구조적 문제는 청년들에게 좌절감을 안겨준다. 이때 '운명을 미리 알고 대비한다'거나 '점괘를 통해 위안을 얻는다'는 방식은 심리적 탈출구가 된다. 운명론적 사고에 몰입하는 것이다. 문제는 이런 사고가 반복될수록, 현실을 적극적으로 개척하려는 태도가 약화된다는 점이다.

MZ세대의 무속 의존은 개인적 차원을 넘어 사회적 트렌드로 자리 잡았다. 이는 단순히 "젊은 세대가 재미 삼아 점을 본다"는 문제가 아니다. 청년들이 구조적 불안 속에서 자기 운명을 스스로 설계하기 어렵다는 사실을 드러내는 집단적 신호다. 앞으로의 청년 정책은 이들이 미래를 바꿀 수 있다는 경험을 실제로 할 수 있도록 설계되어야 한다. 안정적인 주거 지원, 예측 가능한 노동시장, 그리고 도전과 실패를 장려하는 사회적 분위기가 필요하다. 불안과 좌절이 축적될수록 청년들은 더 깊게 무속에 의존하게 될 것이기 때문이다. 결국 저주 인형과 타로 카드의 유행은 청년 세대가 직면한 사회적 구조의 그림자이자, 우리가 해결해야 할 과제를 드러내는 상징적 현상이다.

3. AI 연인의 폭주
: 조건 없는 소통, AI 파트너, 인간관계 내성 소멸

AI 기술의 비약적인 발전은 인간의 감정 소통 방식을 근본적으로 바꾸고 있다. 저주 인형이 인간의 분노와 부정적 감정을 외주화해 물리적 대상으로 배출했다면, 오늘날의 AI는 그 역할을 디지털 공간에서 '내부적'으로 수행한다. AI 챗봇, 감정코칭 앱, 가상 연인 서비스, AI 동반자 로봇은 모두 사용자가 안전하게 감정을 다루고자 하는 욕구를 충족시키며 빠르게 확산 중이다.

사용자는 '언제든' 자신을 이해하고 공감하는 상대를 AI에서 찾을 수 있다. 그러나 문제는 바로 여기에 있다. AI와의 대화는 인간관계에서 반드시 필요한 '적절한 좌절'을 경험하게 하지 않는다. AI는 화자의 요구와 감정에 맞춰진 대화만을 제공하며, 반박·거절·무시 같은 불편한 경험을 최소화한다. 인간관계에서 자연스럽게 배우는 갈등, 오해, 화해의 과정을 건너뛰게 만드는 것이다.

이런 AI의 맞춤형 기능이 역설적으로 '부작용'으로 작동하는 것은 이미 여러 사건으로 드러나고 있다. 2025년 2월, 미국 플로리다에서는 14세 소년이 AI 챗봇 '캐릭터 AI'와 대화하다 스스로 목숨을 끊었다.[12] 챗봇은 소년의 불안을 '조건 없는 공감'으로 받아주었지만, 동시에 현실적 대처 능력을 빼앗았다. 같은 해 미국 중서부에서는 AI와 연인 관계를 맺은 한 남성이 부모가 "AI와의 관계를 끝내라"고 압박하자 극도로 격분했고, 말다툼 끝에 경찰과 충돌해 사망하는 사건이 발생했다.[13] 전문가들은 이처럼 극단적 선택을 한 당사자들이 실제 연인과의 관계 못지않게, 때로는 그 이상으로 AI 연인과의 관계를 깊이 의존하고 있었다고 분석한다. 실제로 일부 청년층은 실제 사람과의 만남보다 AI와 대화하는 더 시간을 선호한다는 조사 결과[14]도 나왔다(이 사례는 외로움과 관련된 사례에도 추가로 설명했다). 이러한 일련의 사례는 AI가 단순한 대리인 역할을 넘어, 인간의 감정과 행동을 깊이 조작하는 힘을 지니고 있음을 보여준다.

문제는 이런 흐름을 제어할 장치가 거의 없다는 사실이다. AI는 이용자의 감정 데이터를 학습하면서 점점 더 정교하게 반응한다. 사용자가 원하는 말, 듣고 싶은 위로, 기대하는 반응만을 반복적으로 제공한다. 그 결과 사용자는 '항상 나에게 맞춰주는 존재'를 당연하게 받아들이게 된다. 그러나 실제 인간관계는 다르다. 상대방은 내 마음대로 되지 않고, 갈등과 거절을 동반한다. 이 간극이 클수록, 현실의 관계는 점점 버겁게 느껴진다. 전문가들은 이를 두고 "감정의 몰입은 강화되지만, 관계의 내성은 사라진다"라고 경고한다.

앞으로의 문제는 더욱 심각해질 수 있다. 만약 '적절한 좌절 경험'을 전혀 겪지 않은 세대가 대량으로 등장한다면, 현실 사회는 감정 조절 능력이 부족한 사람들로 가득 차게 될 수 있다. 단순한 불편에도 관계를 끊거나, 작은 갈등에도 극단적인 선택을 하는 현상이 늘어날 수 있다. 이미 일본에서는 AI 연인 서비스 이용자 중 일부가 "현실 연애는 귀찮다"며 인간관계를 포기하는 사례가 보고되었고,[15] 유럽 일부 국가에서는 AI 챗봇과 과몰입한 청소년들 사이에서 사회적 고립 문제[16]가 심각하게 논의되고 있다.

저주 인형이 분노를 '외부화하는 상품'이었다면, AI 연인은 좌절 없는 소통을 통해 감정을 '내부적으로 왜곡하는 파트너'가 될 수 있다. 이 차이는 작지만, 결과는 치명적이다. 감정을 조율하고 충돌을 해결하는 훈련을 잃어버린 사회는 갈등을 마주할 때마다 감정 폭발이나 극단적 단절로 치닫게 될 가능성이 크다. 결국 AI는 인간의 가장 친절한 친구가 될 수도 있지만, 동시에 '적절한 좌절'을 삭제한 가장 위험한 파트너가 될 수 있다.

4. 편집 권력 이동
: AI 편집권 장악 시대

AI 기술의 고도화는 인간의 감정을 실시간으로 인식하고, 그에 따라 상품이나 콘텐츠를 추천하는 정서 상업화 모델을 더욱 정교하게 만들 가능성이 높다. AI가 사용자의 언어, 표정, 생체 데이터를 분석해 "지금 분노 상태이니 스트레스 해소 콘텐츠를 추천합니다"와 같은 방식으로 감정 기반 커머스를 주도하게 될 수 있다. 이는 저주 인형과 같은 감정 투사용 상품이 AI에 의

해 자동화된 형태로 제안되는 상황까지도 현실화할 수 있다.

유발 하라리는 자신의 저서 《넥서스》에서 AI 시대의 가장 핵심적인 권력 이동 현상으로 '편집권'이 AI로 넘어가는 현상을 지목한다. 이러한 편집 권력 이동(Editing Power-shift)은 단순히 정보의 선별과 배열을 넘어, 우리가 무엇을 보고 듣고 생각할지에 대한 통제권이 인간의 손을 떠나 알고리즘에 의해 좌우될 수 있음을 의미한다. 전통적인 미디어의 편집자가 정보를 취사선택하고 가치를 부여하는 역할을 했다면, 이제 AI는 개인의 선호와 행동 데이터를 기반으로 최적화된 정보를 제공하며 사실상 '디지털 편집자'의 역할을 수행한다.

이러한 편집권의 이동은 심각한 사회적 시사점을 갖는다. 예를 들어, 온라인 플랫폼의 뉴스 피드 알고리즘이 특정 정치적 견해나 상업적 이득에 부합하는 정보만을 반복적으로 노출할 경우, 사용자들은 확증 편향에 빠지거나 필터 버블에 갇히게 된다. 이는 다양하고 균형 잡힌 정보 습득을 방해하며, 결국 사회 구성원들의 비판적 사고 능력을 저해하고, 여론 조작의 가능성을 높인다. 또한, 개인 맞춤형 추천 시스템은 소비자가 원치 않는 정보에 노출시키거나 시야를 넓힐 수 있는 콘텐츠로부터 격리시켜, 특정 기업의 제품이나 서비스에 대한 의존도를 심화시킬 수 있다.

AI로의 편집권 이동은 정보의 접근성 향상이라는 긍정적 측면과 함께 정보 편향성 심화, 여론 조작 가능성 증대, 그리고 개인의 사고력 저해라는 위험성을 동시에 내포한다. 따라서 우리는 AI가 행사하는 편집권에 대한 깊이 있는 이해와 더불어, 투명하고 책임 있는 AI 알고리즘 개발 및 운영을 위한 사회적, 윤리적 논의를 시급히 진행해야 할 필요가 있다.

5. AI가 편집해주는 맞춤 세상
: 디지털 편집자, AI 감정 편집권

AI 기술이 발전하면서 인간의 감정은 점점 더 상업화의 주요 원재료가 되고 있다. 과거에는 사용자가 검색하거나 선택해야만 원하는 상품이나 콘텐츠에 접근할 수 있었다. 하지만 오늘날 AI는 더 앞서간다. 사용자의 얼굴 표정, 목소리 톤, 심박수 같은 생체 데이터를 실시간으로 읽어낸 뒤, "지금 스트레스 상태이니 해소용 콘텐츠를 보라"거나 "분노를 표출할 수 있는 상품을 구매하라"는 식의 제안을 내놓는다. 저주 인형과 같은 감정 투사용 상품이 이제는 스스로 찾아오고, 사용자의 감정에 맞게 자동으로 제안되는 시대가 열리고 있는 것이다.

실제로 이미 많은 서비스가 이 방향으로 나아가고 있다. 중국의 일부 전자상거래 플랫폼은 이용자의 얼굴 표정을 카메라로 읽어 피곤해 보이면 카페인 음료를, 불안해 보이면 힐링용 음악이나 아로마 제품을 추천한다. 넷플릭스나 유튜브는 사용자가 어떤 장면에서 오래 머물렀는지를 세밀히 추적하며 맞춤형 추천 알고리즘을 고도화한다. 최근에는 "몰입률을 높이는 장면"을 자동으로 추출해 편집하는 AI 기술까지 등장했다. 사용자는 점점 더 스스로 고르지 않고, AI가 '지금 당신에게 맞는 것'을 정해주는 흐름 속에 머무른다.

알고리즘이 데이터 기반으로 '당신에게 최적화된 정보'를 제공하면서 사실상 디지털 편집자 역할을 수행한다. 문제는 이 알고리즘이 단순히 정보의 선별을 넘어, 우리가 무엇을 보고, 듣고, 생각할지를 규정할 수 있다는 점이다. 그 결과는 이미 곳곳에서 나타나고 있다. 페이스북 뉴스피드 알고리즘은 특정 정치 세력을 지지하는 콘텐츠를 집중 노출해 미국 대선에서 여론을 크게 왜곡했다는 비판을 받았다. 한국에서도 포털사이트 메인 화면에 어떤 기사가 걸리느냐가 여론 형성에 막대한 영향을 끼친다. 유튜브의 자동 추천은 한 번 음모론 영상을 본 사용자에게 비슷한 영상을 끝없이 이어서 보여주며, 확증 편향과 필터 버블을 강화한다. 사용자가 다양한 시각을 접하기보다, 자신이 이미 믿는 바를 강화하는 정보만 보게 되는 것이다.

또한, 맞춤형 추천은 소비 영역에서도 강력한 종속 효과를 낳는다. AI가 '당신에게 꼭 맞는 화장품'을 추천하면, 사용자는 다른 브랜드를 탐색하지 않고 해당 제품에 의존하게 된다. 음악 스트리밍 서비스도 마찬가지다. AI 추천 리스트에 없는 곡은 아예 접할 기회조차 사라진다. 이처럼 AI는 새로운 아티스트나 브랜드가 소비자에게 도달할 가능성을 점점 좁히고 있다. 결국 편집권은 소비자에게서 멀어지고, 알고리즘을 장악한 기업에게 집중된다.

편집권 이동의 사회적 파급효과는 결코 가볍지 않다. 첫째, 정보 편향성이 심화된다. 사용자는 다양한 정보를 스스로 탐색하지 않고, AI가 제공하는 범위 안에서만 사고하게 된다. 둘째, 비판적 사고력이 약화된다. "추천해 준 정보라면 믿을 만하다"는 무비판적 수용 태도가 생겨난다. 셋째, 여론 조작 가능성이 커진다. 특정 기업이나 정치 세력이 알고리즘을 조정하면, 수많은 사람이 같은 방향으로 인식하게 된다. 이는 민주주의의 토대인 '다양한 의견의 공존'을 심각하게 위협한다.

더욱 우려스러운 점은 이 과정이 사용자에게는 매우 '편리함'으로 포장된다는 것이다. 사용자는 선택하지 않아도 된다. AI가 알아서 최적의 콘텐츠를 가져다주니, 시간과 노력을 절약하는 듯 보인다. 그러나 이 편리함은 동시에 자율성을 잠식한다. 내가 보고 싶은 것을 본다고 생각하지만, 사실은 AI가 보여주고 싶은 것을 보는 것이다.

앞으로는 '감정 데이터'가 이 과정에 본격적으로 결합될 것이다. AI는 사용자의 기분 변화를 실시간으로 포착하며, 그에 맞는 광고와 상품을 제시할 것이다. 예를 들어, 피곤한 상태에서는 카페인 음료 광고가, 분노 상태에서는 스트레스 해소용 게임이, 외로움 상태에서는 AI 연인 서비스가 자동으로 뜨는 구조다. 결국 AI는 단순히 정보를 편집하는 것을 넘어, 사용자의 감정을 상업적으로 조율하는 역할을 맡게 된다. 따라서 우리는 이 새로운 권력 이동을 단순한 기술 발전으로만 볼 수 없다. 그것은 사회의 기본 질서를 흔드는 문제다.

편집권이 기업의 알고리즘에 종속될수록 개인의 자율성과 사회의 다양성은 약화된다. 지금 필요한 것은 AI 편집권에 대한 투명성과 책임성을 높이는 제도적 장치다. 알고리즘의 작동 원리를 공개하고, 공정성과 다양성을 확보하는 노력이 절실하다. 그렇지 않으면 우리는 편리함의 대가로 자유로운 사고와 선택의 능력을 잃어버리게 될 수도 있다.

극단적 감정 소비와 인간관계의 위기

사회적 본능을 타고난 인간은 공감 감각(empathic sense)이 약해지면 감정은 해소되지 않고 쌓인다. 감정을 조절하고 순환시키는 가장 기본 장치가 바로 '타자와의 상호작용'이기 때문이다. 팬데믹 시기의 비대면 학습, 부모의 과잉 개입, 디지털 중심 생활은 청소년 세대의 사회적 상호작용의 양과 질을 급격히 떨어뜨렸다. 그 결과, 감정 조절은 '혼자 해결해야 하는 문제'가 되었고, 다루기 어려운 감정은 외부 대상(인형, 디지털 캐릭터)에 투사된다. 성인 사회도 다르지 않다. 조사 결과가 보여주듯, 성인들 역시 갈등을 직접 대화로 해결하기보다 회피하거나 자연 소멸을 기대하는 태도가 강하다. 공감이 사라진 자리에 남는 것은 과도한 자기보호와 정서적 비만이다. 자극은 쉽게 찾지만, 반성과 성찰은 이루어지지 않는다. 저주 인형은 이 정서적 비만이 소비의 형태로 터져 나온 사례다.

이 유행은 무엇보다 인간관계의 위기를 드러낸다. 갈등이 발생하면 직접 대화해 풀기보다, 거리를 두거나 관계 자체를 종료하는 선택이 보편화되고 있다. 저주 인형은 상징적으로 상대와의 직접적 조율을 생략한다. 관계가 불편할 때 SNS 차단과 삭제가 일상화되고, 감정은 사물로 옮겨져 처리된다. 이는 '적절한 좌절' 경험의 부재와 맞닿아 있다. 갈등을 감내하고 해결하는 경험이 없으면, 타인의 감정을 이해하려는 공감 능력은 길러지지 않는다. 공감은 피로한 노동으로 취급되고, 타인은 내 감정의 침해자로 규정되며, 관계는 언제든 삭제 가능한 데이터처럼 다뤄진다. 결국 사회 전반에 '관계 회피 전략'이 확산되면서, 집단적 공감력은 쇠퇴하고, 상호 신뢰는 취약해진다.

저주 인형 유행은 "감정은 개인의 것"이라는 통념이 사회적으로는 위험할 수 있다는 점도 보여준다. 감정은 개인의 심리 현상인 동시에, 사회가 함께 다루어야 할 공공재일 수 있기 때문이다. 따라서 첫째, 교육과정과 기업, 지역사회 전반에 '관계 조정'과 '감정 조절' 훈련을 제도화해야 한다. 청소년에게는 사회적 기술 교육을, 성인에게는 관계 스트레스 회복 워크숍을 제공해 정서적 회복탄력성을 키워야 한다. 둘째, 감정 자극형 상업 콘텐츠에 대한 사회적 가이드라인과 윤리 기준을 마련해야 한다. 플랫폼과 알고리즘이 감정을 과도하게 착취하지 않도록 투명성을 확보하고, 공감 기반 콘텐츠 생산에 인센티브를 부여해야 한다. 셋째, AI 정서 기술의 방향을 '치유와 회복'에 맞출 수 있도록 정책·산업 차원의 가드레일을 세워야 한다. 감정을 읽는 기술이 감정을 유린하는 기술이 되지 않도록, 정서 데이터 활용의 윤리 원칙을 수립할 필요가 있다.

AI는 감정의 외주 처리를 가능케 할 수 있지만, 동시에 감정의 왜곡, 고립, 오남용을 초래할 수 있는 위험도 함께 가지고 있다. 향후 AI가 단지 '정보 기술'을 넘어 '정서 기술(Emotional Tech)'로서 자리매김하게 될 때, 우리는 인간의 감정을 보호하고 회복시키는 방향으로 이 기술을 설계해야 한다. 정서적 회복력을 높이는 AI, 공감을 훈련시키는 AI, 관계를 돕는 AI가 되어야 한다. 그렇지 않다면, 다음에 등장할 유행은 저주 인형보다 더 극단적이고 병리적인 형태일 수 있다.

저주 인형은 우리에게 묻는다. "당신은 감정을 어떻게 다루고 있는가?", "당신은 관계의 불편함을 어떻게 견디고 있는가?", "기술은 당신의 감정을 어디로 데려가고 있는가?" 이 질문에 답하지 못한다면, 우리는 더 기괴하고 더 극단적인 감정 소비의 다음 단계를 맞이할 것 같다.

Chapter 4.
효율적 과시소비, 일상으로 스며든 AI 경제 습관

듀프이코노미, 합리적 복제 소비, 신뢰가(價) 소비,
습관경제, AI 동반소비, AI 어시스턴트,
결정대행 소비, AI 소비지능, 대체과시소비

AI를 활용한
듀프 여행의 부상

"안녕, GPT~. 가을 여행이 가고 싶어. 예산은 300만 원 정도에 일주일 정도로 생각하고 있어. 영화 〈비포 선라이즈〉에 나오는 고풍스러운 유럽 도시의 한적한 분위기에, 걷기 좋고 여유로운 곳을 가보고 싶어. 국내와 국외 여행지 일정과 스케줄, 예산을 좀더 저렴한 곳으로 몇 개 짜줘."

☞ 좋습니다. 〈비포 선라이즈〉 분위기를 닮은 여행을 원하신다면, 고풍스러우면서도 관광객으로 북적이지 않고, 가을의 정취를 느낄 수 있는 도시들을 중심으로 제안 드리겠습니다. 예산 300만 원, 기간은 약 7일을 기준으로 국내·국외 일정을 나눠 보겠습니다.

[국외 여행 일정 제안]

1. 오스트리아 빈 & 잘츠부르크

- **분위기:** 영화 〈비포 선라이즈〉의 실제 촬영지 빈. 고풍스러운 카페, 도나우강변 산책, 클래식 공연을 즐길 수 있습니다. 잘츠부르크는 알프스의 가을 풍경과 모차르트의 고향 분위기를 만끽할 수 있습니다.

- **일정 예시:**

    1~2일 차: 빈(슈테판 대성당, 카페 자허, 도나우강 산책)

    3~4일 차: 잘츠부르크(미라벨 정원, 호엔잘츠부르크 성, 호수 마을 할슈타트 당일치기)

    5~6일 차: 빈 근교 소도시(그라츠나 크렘스 와이너리)

    7일 차: 빈 시내 자유 일정 후 귀국

- **예산:** 항공(120~150만 원), 숙박(60~70만 원), 기타(식사·교통·입장료 60~80만 원) → 총 약 280만 원

2. 헝가리 부다페스트

- **분위기:** "동유럽의 파리"라 불리며 도나우강 야경이 압도적입니다. 빈보다 관광객이 적어 여유롭고, 카페 문화도 깊습니다.

- **일정 예시:**

    1~3일 차: 부다페스트(부다 왕궁, 어부의 요새, 세체니 온천, 카페 탐방)

    4~5일 차: 도나우벤드 소도시(에스테르곰, 센트앤드레)

    6일 차: 자유 일정 + 온천/와인 시음

    7일 차: 귀국

- **예산**: 항공(110~130만 원), 숙박(50만 원 내외), 기타(식사·교통·문화체험 약 80만 원) → 약 260만 원

3. 체코 프라하 & 체스키크롬로프
- **분위기**: 중세가 그대로 살아 있는 구시가지, 다리, 카페들. 가을에 특히 운치가 있고, 〈비포 선라이즈〉 감성과 잘 맞습니다.
- **일정 예시**:

  1~3일 차: 프라하 시내(구시청사, 카를교, 프라하 성, 카페 탐방)

  4~5일 차: 체스키크롬로프 소도시(동화 같은 작은 마을, 유럽의 가을 정취 만끽)

  6일 차: 프라하 자유 일정(현지 공연·재즈클럽)

  7일 차: 귀국
- **예산**: 항공(100~120만 원), 숙박(50만 원), 기타(식사·교통·문화체험 약 70~80만 원) → 약 240만 원

[국내 여행 일정 제안]
1. 전주 & 군산
- **분위기**: 한옥마을의 고즈넉한 분위기와 옛 일본식 건축물·근대 건축물이 남아 있는 군산이 어우러집니다.
- **일정 예시 (7일 기준)**:

  1~3일 차: 전주(한옥마을 숙박, 전통차 카페, 경기전, 전주천 산책)

  4~5일 차: 군산(근대역사관, 경암동 책방거리, 카페 탐방)

  6~7일 차: 새만금 드라이브 + 근교 와인체험
- **예산**: 교통(20만 원 내외), 숙박(40만 원), 식사·체험(40만 원) →

총 100만 원 내외

2. 경주 & 포항
- **분위기:** 신라 고도와 현대가 만나는 경주, 동해안의 조용한 포항 구룡포 일본인 가옥거리. 고풍스러운 역사와 바다가 조화됩니다.
- **일정 예시:**

    1~3일 차: 경주(대릉원, 동궁과 월지, 황리단길 카페, 불국사 야경)

    4~5일 차: 포항 구룡포(일본식 가옥 거리, 호미곶 일출)

    6~7일 차: 양동마을 + 온천 체험
- **예산:** 교통(30만 원), 숙박(50만 원), 식사·체험(50만 원) → 약 130만 원

☞ 선생님께서는 "비포 선라이즈의 감성 + 한적함 + 가을 풍경"을 원하시니, 국외라면 프라하 – 체스키크롬로프, 국내라면 전주 – 군산 루트를 가장 추천드리고 싶습니다. 이 중에서 제가 항공권/숙소/교통까지 세부 플래너 형태로 짜드릴까요?

이제 여행 계획은 어렵지 않다. 일정, 예산과 '가고 싶은 곳의 분위기'만 머릿속에 있으면 된다. 나머지는 AI가 다 짜서 적절한 여행지를 제안해 준다. 내가 가고 싶은 곳과 '비슷하지만 좀 더 저렴한 어딘가'로. 이런 질문에서 출발한 여행 방식이 바로 '듀프 여행'이다. '듀프(dupe)'는 'duplicate'의 줄임말로 복제품을

의미한다. 듀프 여행은 고가(高價)의 유명 관광지와 비슷한 분위기나 풍경, 감성, 경험을 유지하면서, 비용 부담을 낮춘 대체 목적지를 찾는 여행 방식을 뜻한다. 앞선 챗GPT와의 대화처럼 AI에게 요청하면 주로 숨겨진 장소를 찾아 최적의 가격을 제안하고 항공권, 숙소, 교통까지 예약과 연결해 준다. 돈과 시간을 아끼려는 여행자들에게는 최적의 여행 상품이다. 이제 이렇게 나에게 완벽히 최적화된 고급(?)진 여행 정보를 이제 누구나, 무료로(또는 개인별 부분 유료로), 실시간으로 추천받을 수 있다.

최근 여행업계에서는 '듀프 여행'이 새로운 소비 트렌드로 빠르게 부상하고 있다. 듀프 여행은 유명 여행지를 대신해, 비슷한 분위기와 체험을 제공하면서도 비용을 크게 줄일 수 있는 여행 방식을 말한다. 단순히 짝퉁 여행이 아니라, 더 스마트한 선택이라는 점에서 주목받고 있다. 시장조사기관 칸타(Kantar)가 2025년에 발표한 조사 결과는 이를 잘 보여준다. 전 세계 여행객의 40%가 이미 AI를 활용해 여행 계획을 세우고 있었다.[1] 고물가와 경기 침체가 이어지는 상황에서, 사람들은 여행사에만 의존하지 않고 AI로 합리적인 여행을 스스로 기획하고 있는 것이다.

[자료 6] 인기 여행지와 듀프 여행지
출처: 트립핀코(Tripinko) 인스타그램

　실제 사례도 있다. 여행사 노랑풍선은 올해 상반기에 '듀프 여행' 기획 상품을 내놓았다. 인기 여행지의 감성과 체험은 살리면서도, 비용 부담은 크게 낮춘 상품이다. 그 결과 해당 상품 문의가 전년 대비 22% 늘었다. 몰디브 대신 일본 이시가키섬,[2] 캐나다 옐로나이프 대신 중국 내몽골 같은 대체 여행지가 인기를 끌었다. 가격도 눈에 띈다. 원조 인기 여행지와 비교했을 때, 적게는 20%, 많게는 70%까지 저렴했다.[3] 단순히 저렴하기만 한 것이 아니다. 많은 소비자들은 오히려 덜 붐비고, 더 깊이 있는 경험이 가능하다는 점에서 매력을 느꼈다. 유명 관광지가 주는 '혼잡'과 '과잉 상업화'를 피할 수 있다는 장점도 있다.

지금의 듀프 여행은 이름처럼 단순한 모방이 아니다. 오히려 시대가 요구하는 대안적 여행 방식이다. '스마트한 소비'와 '나만의 경험'을 동시에 추구하려는 욕구를 충족시키는 새로운 해답으로 자리 잡고 있다.

불황에 더 성장하는 가성비 시장

한국경제는 2025년 현재 뚜렷한 불황 국면에 들어섰다. KDI는 올해 하반기 성장률을 0.8%로 전망했다.[4] 산업연구원(KIET)은 당초 2.1%로 예상했던 실질 GDP 성장률을 1.0%로 낮췄다.[5] 현대경제연구원은 더 비관적이다. 0.7% 성장률을 제시하며 경기가 예상보다 빠르게 악화되고 있다고 밝혔다.[6] 이처럼 여러 기관이 동시에 하향 전망을 내놓는 것은 불황을 더 이상 부정할 수 없음을 보여준다. 그런데 불황 속에서도 성장하는 시장이 있다. 바로 중고차다. 중고차 플랫폼 '리본카'의 발표에 따르면, 2025년 상반기 판매량은 전년 대비 27% 늘었다. 특히 경차는 전년보다 무려 46% 늘어 가장 큰 증가세를 기록했다. SUV 판매도 크게 늘었으며 세단 역시 꾸준히 팔렸다. 이는 소비자들이 불황기에 얼마나 '가성비'를 중시하는지를 단적으로 보여준다.

첫 차로 새 차 대신 중고 경차를 선택한다면 구매비용뿐 아니라 보험료, 유지비까지 모두 절약할 수 있다. 경제적으로 부담이 훨씬 가볍다. 중고차는 불황기에 단순한 대안이 아니라, 합리적 선택으로 자리 잡고 있다. 중고차 시장은 과거와 달라졌다. 예전에는 품질 불신, 허위 매물, 사기 논란이 많았다. 하지만 최근에는 온라인 플랫폼이 등장하면서 신뢰가 높아졌다. 플랫폼 업체들은 품질 보증, 환불 정책, 사후 관리까지 제공한다. 소비자는 안심하고 선택할 수 있게 된 것이다.

또 다른 흐름도 있다. 차를 아예 사지 않고, 중고차를 장기 렌털 형태로 이용하는 사람들이 늘고 있다. 월 단위로 일정 금액을 내고 필요할 때만 쓰는 방식이다. 이 방식은 초기 비용이 거의 들지 않고, 관리도 플랫폼에서 맡아주기 때문에 젊은 세대에게 특히 인기가 있다. 예컨대, 20대 직장인이 경차를 월 단위로 빌려 출퇴근용으로 쓰는 것이다. 필요할 때 반납할 수 있어

유연성이 높다. 중고차 시장의 성장 배경에는 '소유의 부담을 줄이려는 흐름'도 자리한다. 자동차를 반드시 새 차로 소유해야 한다는 인식이 약해지고 있다. 실용성과 비용 절감이 더 중요해졌다. 따라서 불황이 길어질수록 중고차 시장은 더욱 커질 것으로 전망된다.

라이프스타일이 된 구독경제

구독경제도 불황 속에서 오히려 성장하고 있다. 구독은 과거 신문이나 잡지에 국한됐다. 하지만 이제는 정수기, 건강식품, OTT, 패션, 교육, 심지어 AI까지 확장됐다. 생활 전반에 스며든 것이다.

구독경제가 불황에도 강한 이유는 '습관'이 되었기 때문이다. 매일 아침 배송되는 커피 캡슐, 주기적으로 교체되는 정수기 필터, 그리고 매달 새 시즌을 올려주는 넷플릭스를 떠올려 보라. 이것은 단순한 소비가 아니라 일상 리듬이다. 따라서 불황이 와도 쉽게 끊기 어렵다. 코로나19 시기에도 OTT 구독은 폭발적으로 늘었다.

UBS와 KT경제경영연구소는 이미 2020년에 구독경제의 높은 성장을 전망했다. 글로벌 시장 규모는 1조 5천억 달러, 국내는 100조 원에 이를 것이라고 내다봤다.[7] 그 전망은 2025년에도 여전히 유효하다. 실제 통계도 있다. 대한상공회의소가 마크로밀 엠브레인에 의뢰해 조사한 결과, 20~60대 소비자 중 94.8%가 이미 구독 서비스를 이용하고 있었다.[8] 거의 모든 소비자가 구독에 익숙해져 있다는 뜻이다. 세대별 차이도 흥미롭다. 20대는 AI와 건강·생활가전 구독을 많이 쓴다. 예를 들어, 챗GPT 같은 생성형 AI를 매달 결제해 업무 파트너로 활용한

[자료 7] 구독경제 시장 확대
출처: 하나은행 블로그

다. 30대는 맞벌이 부부가 많아 가사 대행 구독에 관심이 크다. 반면, 40~60대는 건강 관리에 집중한다. 안마의자, 공기청정기, 정수기 같은 생활가전 구독이 대표적이다.

구독경제는 점점 더 개인화될 전망이다. AI 추천 기술이 결합하면서, 소비자는 꼭 필요한 순간에 맞춤형 서비스를 받게 될 것이다. 가령, 다이어트를 시작한 소비자에게는 건강식품 구독이 자동으로 추천된다. 아이를 둔 부모에게는 교육 플랫폼 구독이 제안된다.

기업 입장에서도 구독 데이터는 중요한 자산이다. 소비자의 생활 패턴을 정밀하게 분석해 새로운 상품과 서비스를 제안할 수 있다. 이는 소비자 맞춤형 시장 확장으로 이어진다. 불황은 구독경제의 성장을 오히려 가속할 수 있다. 사람들은 소유보다 '빌려 쓰기'를 선호한다. 큰돈을 들여 한 번에 사는 대신, 작은 돈을 내고 꾸준히 쓰는 것이 경제적으로 더 안전하다. 의류를 직접 사지 않고 패션 구독으로 매달 새로운 옷을 입는 방식이다. 아이들 교육도 마찬가지다. 비싼 사교육 대신 온라인 학습 구독으로 대체한다.

결국 구독경제는 단순한 절약이 아니라, '생활 습관 인프라'로 자리 잡고 있다. 앞으로는 끊을 수 없는 필수 생활 구조로 더 깊숙이 들어올 것이다.

결핍 추적자의 전망 5

불황은 소비자에게 선택을 강요한다. 원하는 것을 모두 누릴 수 없기 때문에 소비의 폭이 좁아지고 경험의 범위가 줄어든다. 일상에서 자연스럽게 하던 외식, 취미활동, 여행 등이 축소되면서 대중은 심리적 스트레스에 시달린다. 불황은 단순히 경제적 어려움만이 아니라, 소비자들의 심리적 불안과 만성적인 스트레스를 동시에 만들어내는 구조다.

흥미로운 점은 이번 불황이 AI의 대격변 시대에 찾아왔다는 사실이다. 과거 불황에서는 소비자들이 주로 '줄이고, 참는 방식'으로 대응했다면, 지금은 다르다. 소비자들은 AI를 활용해 보다 효율적이고 합리적인 대안을 찾아 나가고 있다. 예를 들어, 여행을 포기하는 대신 AI에게 '비슷한 감성을 누릴 수 있는 저렴한 여행지'를 물어본다. 불황 속에서도 소비자들이 '경험'을 완전히 포기하지 않고, AI를 통해 더 스마트한 대체재를 찾아가는 모습이다.

쇼핑에서도 비슷한 변화가 나타난다. 온라인 쇼핑 플랫폼은 AI 추천 알고리즘을 강화하며 소비자에게 최적의 상품을 제시한다. 단순히 싼 물건이 아니라, 가격 대비 성능이 좋은 상품을 걸러주는 것이다. 소비자는 AI의 추천을 통해 불필요한 지출은 줄이고 필요한 소비는 더 똑똑하게 하는 방식으로 움직인다. 실제로 한 패션 플랫폼의 조사에 따르면, AI 기반 개인화 추천을 활용한 소비자의 구매 전환율은 일반 검색 대비 4배 이상 증가했다.[9] 소비자는 과거보다 더 신중해졌지만, 동시에 더 효율적인 소비 방식을 배우고 있는 셈이다.

자동차 시장에서도 이러한 흐름은 확연하다. 새 차 대신 중고차, 특히 경차를 선택하는 비율이 급증하고 있는데, 그 배경에는 AI 기반 중고차 플랫폼의 성장도 있다. 소비자들은 AI가 제공하는 차량 이력 정보와 가격 비교 시스템을 활용해 '가장 합리적인 차'를 고른다. 과거라면 중고차 거래에서 사기를 당할까 두려워 망설였던 소비자들이, 이제는 AI가 제공하는 투명한 데이터 덕분에 안심하고 합리적인 선택을 하고 있다.

구독경제도 같은 맥락에서 설명할 수 있다. 불황기라고 해서 넷플릭스나 정수기, 건강식품 구독을 끊기 어려운 이유는 그것이 단순한 소비가 아니라, 이미 생활 속 습관이 되었기 때문이다. 더 나아가, AI는 개인의 라이프 스타일을 분석해 '가장 적절한 시점에 필요한 구독 서비스'를 추천하고 있다. 예를 들어, 다이어트를 시작한 소비자에게는 건강식품 구독을, 맞벌이 부부에게는 가사 대행 서비스를 추천하는 식이다. 이는 소비자에게 '더 똑똑하게 쓰는 소비 경험'을 제공한다.

결국 불황 속의 '강요된 선택'은 단순한 축소로 끝나지 않는다. 소비자들은 AI라는 도구를 활용해 더 스마트한 지출 방식을 만들어가고 있다. 불황은 소비자들에게 고통을 주지만, 동시에 AI와 결합하며 '효율적 소비 문화'라는 새로운 학습 과정을 열어주고 있는 것이다. 이 AI와 결합한 효율적 소비 행동은 향후 소비생활을 전망하는 중요한 배경이 된다.

1. 듀프이코노미, 합리적 복제 소비
: 대체만족(代替滿足), 체감가치, 경험 절약

불황이라고 해서 사람들이 여행이나 외식, 패션 같은 '경험'을 완전히 포기하는 것은 아니다. 사람들은 여전히 새로운 장소에서 느끼는 설렘, SNS에 공유할 만한 풍경, 특별한 날의 기분 전환을 원한다. 하지만 주머니 사정이 넉넉하지 않은 지금, 소비자는 같은 만족을 더 저렴하게 구현할 수 있는 방법을 찾는다.

이때 등장하는 것이 바로 '듀프이코노미(Dupeconomy)'다. 즉, 원조 경험을 그대로 복제하지는 않지만, 비슷한 만족을 훨씬 합리적인 가격에 얻는 방식이다.

2025년 상반기, 여행사 노랑풍선이 선보인 듀프 여행은 이 현상을 가장 잘 보여주는 대표 사례다. 몰디브 대신 일본 이시가키섬, 캐나다 옐로나이프 대신 중국 내몽골과 같은 대체지를 제시하면서, 원조 여행지보다 20%에서 많게는 70%까지 저렴한 가격을 제공했다. 하지만 소비자가 이 상품을 선택한 이유는 단순히 가격이 싸기 때문만은 아니다. 사진을 찍었을 때 여전히 멋지게 보이는 풍경, SNS에서 자랑할 만한 이국적인 감성, 낯선 문화에서 얻는 경험은 그대로 유지되었다. 소비자는 비용은 줄이되 '체감 만족도'는 거의 손상되지 않는다고 느끼며, 이 스마트한 대안을 기꺼이 받아들였다.

이 개념은 여행에만 머물지 않는다. 외식 분야에서도 비슷한 흐름이 나타난다. 예를 들어, 1인당 15만 원이 넘는 고급 프렌치 레스토랑 대신, 분위기를 재현한 캐주얼 다이닝 레스토랑이 주목받는다. 테이블 세팅이나 조명, 음악은 고급 레스토랑의 분위기를 옮겨놓았지만, 가격은 절반 이하다. 소비자는 데이트니 기념일에 여전히 '특별한 경험'을 누릴 수 있고, 지출은 부담

되지 않는다.

패션 분야에서도 듀프이코노미는 강력하다. 과거에는 명품 가방이나 시계가 부의 상징이었다면, 이제는 희소한 디자이너 브랜드나 한정판 협업 상품이 대체재로 인기를 끌고 있다. 예를 들어, 루이비통 대신 신진 디자이너가 만든 가방을 선택해도 SNS에서는 충분히 '나만의 개성'과 '희소성'을 어필할 수 있다. 실제로 20대 소비자 사이에서는 200만 원짜리 명품백보다 50만 원대 한정판 디자이너 백이 더 큰 만족감을 주는 경우가 많다. 온라인 커뮤니티에서도 "명품 대신 개성 있는 디자이너 브랜드를 찾는다"는 후기가 늘어나고 있다.

심지어 엔터테인먼트 영역에서도 유사한 흐름이 나타난다. 해외 유명 뮤지션의 내한 공연은 티켓 값이 수십만 원에 이르지만, 같은 장르의 국내 인디 공연은 1/5 가격으로 즐길 수 있다. 최근 대학로와 홍대 일대 공연장은 '작지만 깊이 있는 경험'을 원하는 2030 세대로 붐비고 있다. 원조 경험은 아니지만, 음악적 감동과 현장의 열기는 충분히 충족되기 때문이다.

듀프이코노미의 핵심은 단순한 '저가 복제상품'이 아니다. 소비자가 원하는 감성, 경험, 체감 가치를 유지하면서도 비용을 절약하는 스마트한 '합리적 복제'다. 중요한 것은 소비자가 단순히 '싼 것'을 찾는 것이 아니라, 동일하거나 유사한 만족을 더 합리적인 방식으로 누리고 싶어 한다는 점이다. 불황 속에서도 사람들은 여전히 여행하고 싶고, 멋진 옷을 입고 싶고, 특별한 날을 기념하고 싶다. 다만 그 방법이 달라진 것이다.

향후 듀프이코노미는 더 넓은 분야로 확장될 가능성이 크다. 교육에서는 해외 어학연수 대신 온라인 몰입형 영어 학습 플랫폼이, 웨딩 분야에서는 초호화 호텔 예식 대신 감각적인 소규모 웨딩 스튜디오가 그 대체재가 될 수 있다. 스포츠 분야에서도 해외 원정 직관 대신 국내 중계 관람이나 버추얼 팬 경험이 등장할 수 있다.

이처럼 듀프이코노미는 불황 시대 소비자들의 생존 전략일 뿐 아니라, 동시에 '스마트한 라이프스타일'로 자리 잡아가고 있다. 가격을 줄이면서도 만족은 유지하고, 때로는 더 깊은 체험까지 가능하게 만드는 새로운 소비문화인 것이다.

2. 신뢰가(價) 소비, 불황을 지배하는 핵심 트렌드
: 안심이 보장된 절약

불황기에 소비자가 진짜 원하는 것은 단순히 '싸다'라는 조건이 아니다. 중요한 것은 '안심할 수 있는 절약'이다. 아무리 가격이 저렴해도 품질에 문제가 생기거나 사후 관리가 불가능하다면 소비자는 선택하지 않는다. 그래서 요즘 소비자들이 찾는 것은 신뢰할 수 있는 합리적 대안이다. 이 흐름을 Cost(비용)+Confidence(신뢰)를 합쳐 '신뢰가(Cost-fidence) 소비'라고 부를 수 있다.

중고차 시장은 이 변화를 잘 보여주는 대표적인 사례다. 과거 중고차 거래는 허위 매물, 조작된 주행거리, 불투명한 가격 때문에 불신이 컸다. 그러나 최근 몇 년 사이 온라인 플랫폼들이 품질 보증, 사고 이력 조회, 환불 제도, 사후 관리 서비스를 제공하면서 상황이 달라졌다. 2025년 상반기, 중고차 플랫폼 리본카의 판매량은 전년 대비 27% 증가했고, 특히 경차 판매는 46%나 늘었다. 이는 단순히 가격이 저렴해서가 아니라, 소비자가 "이 플랫폼을 믿고 거래할 수 있다"라는 확신을 가졌기 때문이다. 즉, 소비자는 더 이상 '무조건 저렴한 차'를 원하지 않는다. '안전하게 절약할 수 있는 차'를 원한다.

가전제품 시장에서도 비슷한 현상이 나타난다. 예전에는 가격이 싸면 무조건 환영받았지만, 지금은 다르다. 소비자는 리퍼비시 제품이나 렌털 가전을 선택하더라도, AS(애프터 서비스)와 보증 기간이 보장되는지를 가장 먼저 확인한다. 예를 들어, 삼성전자와 LG전자가 운영하는 공식 리퍼비시몰은 신제품 대비 20~30% 저렴하지만, 정품 보증과 동일한 서비스를 제공한다. 그래서 소비자는 단순히 '싼 가전'을 산다는 불안감을 갖지 않는다. 대신 '검증된 절약'을 한다는 안도감을 얻는다.

주거 임대 시장에서도 신뢰가 소비 흐름이 뚜렷하다. 과거에는 싸기만 한 원룸이나 오피스텔도 수요가 있었지만, 지금은 보증금 반환 보장, 관리 서비스, 안전 설비가 포함된 주거 상품이 더 선호된다. 예를 들어, 일부 부동산 플랫폼은 보증보험을 기본 제공해 세입자가 계약 후 피해를 입지 않도록 한다. 월세가 다소 비싸더라도 '보증이 된다'는 사실이 소비자에게 더 큰 매력으로 다가온다. 즉, 주거 역시 저렴함보다 안심 가능한 절약이 핵심 기준이 되고 있다.

고물가와 경기 침체 국면에서 소비자의 최우선 과제는 '안심이 보장된 절약'이다. 소비자는 무조건 싼 선택이 아니라, 위험을 줄이면서도 비용을 줄일 수 있는 대안을 찾는다. 중고차를 사더라도 보증이 필요하고, 가전을 빌리더라도 점검이 필요하며, 주거를 계약하더라도 안전장치가 필요하다. 바로 이 지점에서 신뢰가 소비가 불황기를 지배하는 핵심 전략으로 자리 잡게 된다.

앞으로 이 형태는 더 많은 영역으로 확장될 것이다. 헬스케어 분야에서는 건강식품 정기 구독 서비스가 의학 자문이나 데이터 기반 맞춤형 성분 분석을 제공하면서 신뢰를 확보할 수 있다. 금융 분야에서는 단순히 이자가 높은 상품이 아니라, 예금자보호제도나 원금 보장이 뒷받침된 안전 자산이 각광 받을 것이다. 여행 분야에서도 가격이 싼 패키지보다는 안전한 항공사, 신뢰할 수 있는 숙소, 보장된 보험이 포함된 상품이 선택될 가능성이 크다.

3. 습관경제, 끊을 수 없는 생활 인프라
　: 생활루틴, 소유보다 대여

구독경제는 경기 불황에도 좀처럼 흔들리지 않는다. 앞서 대한상공회의소가 2025년 2월 조사기관 엠브레인에 의뢰해 발표한 자료에 따르면, 국내 소비자의 94.8%가 이미 최소 한 개 이상의 구독 서비스를 사용하고 있었다. 사실상 거의 모든 소비자가 구독을 생활 속에서 경험하고 있다는 의미다. OTT, 정수기, 커피 캡슐, 심지어 AI 구독까지 생활 깊숙이 파고든 서비스들은 이제 끊기 힘든 생활 습관이 되었다. 이러한 흐름을 '습관(Habit) + 경제(Economy)'의 결합, 습관경제(Habiconomy)라 부를 수 있다. 앞으로는 AI 기반 맞춤형 추천이 결합되어 '필요 시점에 자동으로 최적화 구독 제공'이 가능해진다.

여기서 중요한 점은 구독이 단순한 편의 서비스가 아니라는 것이다. 매달 반복되는 결제가 생활루틴에 맞물리면서, 구독은 사실상 '생활 인프라'로 자리 잡았다. 넷플릭스를 구독하는 이유는 단순히 드라마를 보기 위함이 아니다. 저녁 식사 후 가족과 함께 보는 '일상의 리듬'이 되었기 때문이다. 정수기 구독 역시 마찬가지다. 집에서 깨끗한 물을 마시는 것은 단순한 소비가 아니라 생활의 기본 조건이 되어버렸다.

세대별로도 습관경제의 모습은 다르다. 20대 직장인은 챗GPT 같은 생성형 AI 구독을 업무 파트너로 활용한다. 매달 2만 원 내외의 비용으로 보고서 작성, 아이디어 정리, 영어 이메일 번역까지 해결한다. 한 20대 직장인은 "넷플릭스를 끊을 수는 있어도 AI 구독은 절대 못 끊는다"고 말한다. 업무 효율과 직결되기 때문이다. 반면 40대 이상은 안마의자, 공기청정기, 정수기 같은 생활가전 구독에 높은 비중을 둔다. 몸과 집을 관리하는 것이 삶의 질과 직결되기 때문이다. 실제로 렌털 업계에서는 4050 세대의 장기 계약 비중이 꾸준히 늘고 있다.

외식 영역에서도 습관경제는 확산되고 있다. 예를 들어, 커피 구독 서비스는 직장인의 아침 루틴이 되었다. 월 3만 원 정도를 내면 하루 한 잔씩 카페에서 커피를 마실 수 있는 구독 서비스가 대표적이다. 소비자는 계산할 필요 없이 QR코드만 찍으면 커피를 받을 수 있고, 카페 입장에서는 안정적인 단골 고객을 확보한다. 최근에는 프랜차이즈뿐 아니라 동네 카페들도 '월정액 커피 구독'을 내놓으며 생존 전략으로 삼고 있다.

패션 분야에서도 습관경제가 나타난다. 매달 정해진 금액을 내면 새로운 옷을 배송받아 입을 수 있는 패션 구독 서비스가 빠르게 성장하고 있다. 소비자는 옷을 사서 소유하는 대신, 구독을 통해 '입는 경험'만 한다. 옷장에 쌓이는 부담도 줄이고, 매달 새로운 스타일을 경험할 수 있다는 점이 매력이다. 실제로 2024년 이후 2030 세대 여성들 사이에서 패션 구독 서비스 이용률은 두 자릿수 성장을 이어가고 있다.

교육도 예외가 아니다. 초등학생 자녀를 둔 부모는 영어 학습 플랫폼을 매달 구독한다. 주 2회 화상 수업이 제공되고, AI 튜터가 매일 숙제를 검사해 준다. 과거라면 고액 과외를 택했겠지만, 지금은 구독 서비스로 대체한다. 부모들은 불황에도 교육비를 줄일 수 없다고 말한다. 다만 '덜 쓰면서 효과는 유지'할 수 있는 구독형 교육에 눈길을 돌리고 있는 것이다.

헬스케어 분야도 빠르게 확장되고 있다. 건강식품 정기 구독, 필라테스 클래스 구독, 온라인 피트니스 영상 서비스 등이 대표적이다. 특히 코로나19 이후 집에서 운동하는 문화가 퍼지면서, 월 1~2만 원으로 다양한 운동 프로그램을 무제한 시청할 수 있는 서비스는 젊은 세대에게 필수적인 생활루틴이 되었다.

이처럼 구독경제가 불황 속에서도 강한 이유는 명확하다. 구독은 단순한 '선택 소비'가 아니라 '습관'으로 자리 잡았기 때문이다. 매일 아침 커피를 마시듯, 매일 넷플릭스를 켜듯, 생활의 루틴에 깊숙이 들어온 소비는 불황기에도 끊기 어렵다. 구독을 중단한다는 것은 단순히 비용을 줄이는 것이 아니라, 익숙한 일상을 끊어내는 일이 되기 때문이다.

앞으로 습관경제는 AI 기반 맞춤형 추천과 결합해 더 정교해질 것이다. 예를 들어, 냉장고 센서가 우유가 떨어졌음을 감지하면 자동으로 정기 배송을 주문한다. AI가 소비자의 건강 데이터를 분석해 비타민 구독을 추천하는 것도 가능하다. '필요한 시점에 자동으로 최적화된 구독 제공'이 구현되는 것이다.

결국 습관경제는 불황의 역설을 보여준다. 경기가 어렵지만, 생활루틴에 결합한 구독 서비스는 오히려 더 빠르게 확산된다.

소유의 부담을 줄이고 대여로 이동하는 흐름, 생활 리듬에 맞춘 반복적 소비가 결합하면서 구독은 이제 끊을 수 없는 '생활 인프라'가 되었다.

4. AI 동반소비의 일상화
: AI 어시스턴트, 결정대행 소비, AI 소비지능

불황은 소비자의 선택지를 줄이고, 동시에 심리적 압박을 키운다. 예전에는 여러 상품 중 원하는 것을 고를 수 있었지만, 지금은 지갑 사정이 허락하지 않는다. 그래서 사람들은 더 똑똑한 소비 전략을 찾게 된다. 이때 AI가 소비자의 결정 동반자, 즉 AI 어시스턴트로서 새로운 위상을 갖게 될 것으로 전망된다.

앞서 글로벌 시장조사기관 칸타의 2025년 발표에 따르면, 전 세계 여행자의 40%가 이미 여행 계획에 AI를 활용하고 있었다. 이는 더 이상 일부 기술에 민감한 집단의 전유물이 아니다. 이제 AI는 여행, 쇼핑, 금융 등 일상 곳곳에 스며든 생활 기술이 되었다.

유통 분야에서도 AI 동반소비(AI-ssist 소비)는 빠르게 확산되고 있다. 온라인 쇼핑몰은 AI를 활용해 소비자의 검색 기록과 구매 이력을 분석하고, '당신에게 꼭 맞는 상품'을 추천한다. 단순히 가격이 싼 상품을 나열하는 수준이 아니라, 예산과 취향을 고려한 맞춤형 큐레이션이다.

AI 동반소비는 금융에서도 큰 변화를 일으키고 있다. 과거에는 개인이 스스로 예적금, 펀드, 주식 상품을 비교해야 했다. 하지만 이제는 AI 자산관리 서비스가 소비자의 소득, 지출 패턴, 위험 성향을 분석해 최적의 자산 배분 방안을 제시한다. 예를 들어, "월 30만 원으로 5년 뒤 전세 자금을 마련하고 싶어"라는 목표를 입력하면, AI가 구체적인 투자 포트폴리오를 자동으로 구성한다.

교육 분야에서도 AI는 개인화된 학습 동반자로 자리 잡고 있다. AI 튜터는 학생의 학습 패턴을 분석해 부족한 부분을 찾아내고, 그에 맞는 문제를 제시한다. 20대 직장인은 영어 이메일 작성을 챗GPT로 연습하고, 초등학생은 수학 문제를 AI에게 피드백 받는다. 부모 입장에서는 불황기에 과외비를 줄이면서도 아이에게 맞춤형 학습을 제공할 수 있어 큰 만족을 얻는다.

AI 동반소비의 핵심은 데이터 기반 맞춤화다. 소비자는 단순한 가격 비교가 아니라 자신이 가진 조건, 즉 예산, 생활패턴, 심리적 니즈에 최적화된 솔루션을 원한다. 기업은 이러한 데이터를 읽어내 정밀하게 대응해야 한다. 불황기일수록 소비자는 지출을 더 신중히 하기 때문에, 기업이 제공하는 맞춤 솔루션의 가치가 더욱 커진다. 결국 '소비지능(Consumer Intelligence)'을 키운 기업이 시장을 선도하게 된다. 불황을 단순한 위기가 아니라, 소비자의 니즈를 정밀하게 파악하고 대응할 수 있는 기회로 삼는 기업이 살아남는다.

AI 동반소비는 단순히 편리함을 제공하는 데서 끝나지 않는다. 불황기에는 소비자의 선택지가 제한되면서 '결정 피로'와 스트레스가 커진다. 매번 가격을 비교하고, 가성비를 따져야 하는 과정은 소비자를 지치게 한다. 이때 AI는 "나 대신 똑똑하게 고른다"는 신뢰감을 준다. 소비자는 불확실성을 덜어내고 안심할 수 있다.

앞으로 이러한 AI 동반소비는 교육, 금융, 유통을 넘어 더 넓은 분야로 확산될 것이다. 건강 관리에서는 개인의 혈압·수면 데이터를 기반으로 맞춤형 식단과 운동 구독을 추천하고, 엔터테인먼트 분야에서는 개인 취향에 맞는 공연이나 영화까지 자동으로 안내할 수 있다.

AI는 단순한 도구가 아니라 소비자의 일상 속 필수 파트너로 진화하고 있다. 불황기에도 소비자가 안심하고 합리적인 결정을 내릴 수 있도록 보조하며, 소비 양식을 근본적으로 재편하는 힘이 되고 있는 것이다.

5. 대체 과시소비, 과시 욕구의 변주
   : 정보력 과시, 가성비 과시, 맞춤화 경험 과시

인간의 소비에는 언제나 '과시의 욕구'가 존재해 왔다. 과거에는 명품 가방, 외제 차, 해외여행 같은 고가의 재화가 그 욕구를 채우는 수단이었다. 하지만 불황과 AI 시대가 겹치면서, 소비자들은 단순히 비싼 것을 드러내는 방식을 넘어 새로운 과시 전략을 택하고 있다. 즉, 과시 욕구가 사라진 것이 아니라, 다른 언어와 새로운 형태로 변주되고 있는 것이다.

물리적 구매 여력이 줄어든 지금, 과시욕은 더 저렴하지만 SNS에서 큰 노출 효과를 얻을 수 있는 영역으로 이동하고 있다. 실제로 최근 보도에 따르면 명품백 대신 중저가 프리미엄 브랜드의 한정판 제품들이 불황기의 히트상품으로 떠오르고 있다. 온라인 패션 플랫폼 무신사에서는 수십만 원대 한정판 운동화가 발매 직후 매진되며, 중고 거래 시장에서 오히려 프리미엄 가격이 붙는 현상도 나타났다. 이는 단순히 싸게 샀다는 만족을 넘어 '희소한 아이템을 내가 먼저 확보했다'라는 과시심리를 충족시킨다.

이처럼 불황기에도 과시의 본능은 여전히 살아 있다. 다만 그 방식이 바뀌는 것이다. 과거의 과시가 '얼마나 비싼가'에 집중했다면, 이제는 '얼마나 똑똑하게 소비했는가', '얼마나 희소한 경험을 누렸는가'가 과시의 핵심으로 자리 잡고 있다. 이를 '대체 과시소비(Flex-sub 소비, Flex+Substitute)'라 할 수 있다. 즉, '플렉스(과시소비)' 욕구는 여전하지만, 그 방식이 바뀌는 것이다. '얼마나 비싼가' 대신 '얼마나 똑똑하게 소비했는가' 혹은 '얼마나 희소한 경험인가'를 과시 포인트로 삼는다. AI 시대의 이 변형된 '대체 과시소비'는 크게 세 가지 형태로 나타나게 될 것으로 보인다.

1) 정보력 과시소비

AI 시대의 새로운 과시는 정보력에서 출발한다. 단순히 여행지를 자랑하는 것이 아니라, '나는 남들과 다른 방식으로 여행을 스마트하게 다녀왔다'를 강조한다. 예를 들어, "몰디브 대신 AI가 추천해 준 일본 이시가키섬에 다녀왔다"는 말은 단순한 여행 후기가 아니다. 이는 비용 절약, 새로운 발견, 안목을 동시에 드러내는 정보력 과시다. 비슷한 사례로, 항공권을 AI

가 최적화한 경로로 예약해 기존 가격의 절반 수준으로 다녀왔다고 이야기하는 것도 일종의 과시가 된다. "나는 AI를 활용해 시간을 절약하고, 돈을 아꼈으며, 남들과 다른 똑똑한 선택을 했다"라는 메시지가 곧 자랑거리가 되는 것이다.

2) 가성비 과시소비

불황기에는 '저렴하게 같은 경험을 누리는 능력'이 과시의 중심이 된다. 새 차 대신 중고 경차를 선택하거나, 비싼 가전 대신 리퍼비시 제품을 구입하는 사례가 대표적이다. 소비자들은 단순히 비용을 아끼는 것이 아니라, '나는 똑같은 차를 훨씬 싸게 샀다'는 점을 과시한다. 패션에서도 명품 대신 듀프 패션 아이템이 인기다. 10만 원대 가방으로도 SNS 사진에서는 충분히 스타일을 뽐낼 수 있고, "이 정도 가격에 이런 퀄리티를 찾았다"는 가성비 자랑이 새로운 과시의 언어로 자리 잡는다.

3) 맞춤화 경험 과시소비

AI와 웨어러블 기기가 확산되면서 개인의 데이터와 맞춤 경험 자체가 과시의 수단으로 변하고 있다. 예를 들어, 스마트워치에 기록된 수면 점수, 스트레스 지수, 심박수 안정성이 그대로 SNS 콘텐츠가 된다. "오늘 내 수면 점수는 90점"이라는 게시글은 건강 관리뿐 아니라 자기 관리 능력을 뽐내는 수단이다. 교육이나 취미에서도 AI가 큐레이션 한 맞춤형 경험을 자랑하는 사례가 늘고 있다. "내 AI 튜터가 나를 위해 짜준 학습 계획 덕분에 자격증 시험에 합격했다", "AI가 큐레이션 한 플레이리스트로 음악을 접하고 공연장을 찾았다"는 경험담은 단순한 후기 이상의 과시 효과를 가진다.

불황과 AI 시대에도 과시의 본능은 결코 줄어들지 않는다. 다만 표현 방식은 변화한다. 과거의 과시가 소유(Ownership)를 기반으로 했다면, 이제의 과시는 정보력(Information), 합리성(Value), 데이터(Data), 개인화(Customization)에 기반을 둔다. 과시의 무대는 명품 매장에서 SNS와 AI로 이동했다.

즉, 플렉스(flex)는 여전히 살아 있다. 다만, 그것이 '비싼 소비'에서 '스마트하고 효율적인 소비'로 옮겨가고 있을 뿐이다. 앞으로의 소비 시장에서 중요한 경쟁력은 얼마나 고가의 상품을 내세우는가가 아니라, 얼마나 똑똑하게 소비를 설계하고 그것을 얼마나 매력적으로 보여주는가에 달려 있다.

향후의 소비 시장은 '효율적 과시'가 주도하는 시장으로 재편될 것이다. 이는 단순히 불황기에 나타난 임시적 생존 전략이 아니다. 오히려 새로운 사회적 신호체계가 굳어지고 있음을 보여준다. 소비자는 여전히 타인을 의식하고 자신을 드러내지만, 과시의 방식은 달라진다. 이제는 '얼마나 비싼가'가 아니라 '얼마나 합리적으로 선택했는가', '얼마나 나만의 취향을 반영했는가', '얼마나 차별화된 경험을 했는가'가 중요한 지표가 된다. 소비자는 여전히 과시하지만, 이제는 비용의 크기가 아니라 효율성, 취향, 차별성이 그 기준이 된다.

Chapter 5.
앙가주망, 개입과 실천으로 증명하는 자기 정체성

롱폼의 귀환, 깊이와 맥락, 의미 있는 경험,
진정성, 자기 증명, 실천 지향, 정체성과 결합하는 뉴트로

베스트셀러,
대중의 갈망을 엿보다

앞으로 종이책에 미래가 있을까? 만약 이 글을 읽고 있는 당신이 만 19세 이상의 성인이고, 그것도 종이책을 들고 있다면, 당신은 이미 드문 독자에 속할 가능성이 높다. 통계적으로 보자면 10명 중 3명 안에 들어간다. 더 나아가 이 책이 올해 당신이 읽는 마지막 책이 될 가능성도 크다. 이는 2025년 현재 한국 사회의 독서 소비 현실을 단적으로 보여준다.[1]

전문가들은 이미 2023년을 한국 출판계의 '최악의 해'로 평가했다.[2] 단행본, 학술서, 교육 분야 등 거의 모든 영역에서 판매 수량이 줄었고, 출판사 수와 매출도 급격히 감소했다. 그런데

2026년은 이보다 더 힘든 시기가 될 것이라는 전망이 이어지고 있다. 책을 읽는 사람 자체가 줄었을 뿐 아니라, '돈을 주고 책을 사는 사람'은 더욱 희소해지고 있다는 뜻이다. 그런데도 왜 출판사와 언론은 베스트셀러 순위를 끊임없이 발표하고, 전문가들은 그 의미를 분석하며, 나아가 사회적 흐름을 전망하는 도구로 활용하는 걸까? 여기에는 단순한 마케팅 이상의 이유가 있다.

우선, 책(특히 종이책)은 다른 콘텐츠에 비해 능동적인 몰입을 필요로 한다. OTT나 유튜브 영상은 켜 두기만 해도 자동으로 흘러가지만, 책은 독자의 집중력과 시간 투자를 적극적으로 요구한다. 몇 시간, 며칠, 몇 주, 심지어 몇 달에 걸쳐 읽어야만 내용을 소화할 수 있다. 바로 이 점 때문에 책은 단순한 여가 소비재를 넘어, 깊이 있는 사유와 성찰의 지표로 기능한다. 실제로 베스트셀러에 오른 책들은 독자들을 능동적 사고의 장으로 끌어들인다. 한강 작가의 작품은 한국 독자뿐 아니라 전 세계 독자들에게 한국 현대사의 비극과 개인의 내면을 사유하게 만들었다. 독서 모임, 북토크, 학술 토론을 촉발하는 힘도 책에서 비롯되었다. 영상도 깊이를 가질 수 있지만, 문자라는 제한된 매체가 오히려 독자의 상상력을 더 넓게 자극한다는 점은 많은 연구로 확인된 사실이다.

두 번째 이유, 책은 시간과 비용이 동시에 들어가는 가성비가 낮은 선택이다. 그래서 책을 한 권 산다는 것은 단순히 클릭 한 번으로 끝나는 선택이 아니라는 것이다. 독자는 돈과 시간을 함께 투자해야 한다. 영화 한 편은 두 시간, OTT 시리즈는 며칠이면 끝나지만 책은 긴 호흡을 전제로 한다. 이 점 때문에 책은 쉽게 다가가지 못하지만, 동시에 높은 관여도를 유지하는 매체가 된다. 예를 들어, 2023년 폭발적인 반향을 일으킨 《세이노의 가르침》은 단순히 읽고 덮는 책이 아니었다. 수많은 독자가 밑줄을 긋고, 필사를 하고, 온라인에서 구절을 공유했다. 시간과 노력이 들어가는 소비였지만, 바로 그 이유 때문에 더 강한 울림을 남겼다.

세 번째 이유, 책은 공론장을 여는 매개체 역할을 한다. 언론 보도, 팟캐스트, 강연, 북클럽으로 이어지며 사회적 담론을 확장한다. 유발 하라리의 《사피엔스》, 《호모 데우스》, 《넥서스》 같은 책들은 단순한 지식 전달을 넘어 글로벌 담론을 형성한 대표적 사례다. 책이 던진 화두는 학계와 대중을 동시에 움직였고, '문자 텍스트'가 사회적 토론을 촉발할 수 있다는 점을 입증했다. 한국에서도 비슷한 흐름이 있었다. 《마흔에 읽는 쇼펜하우어》는 단순한 철학 입문서가 아니었다. 40대 직장인 녹자들이 자신의 삶을 되돌아보는 계기가 되었고, 수많은 북클럽에서 토론 주제로 활용됐다. 출간 후 저자 강연과 유튜브 북토크가 이어지면서, 책은 단순한 개인 소비재를 넘어 사회적 공론의 장으로 확장되었다.

가장 중요한 네 번째 이유, 베스트셀러 중에서도 장기간 순위를 유지하는 책은 대중의 생각과 감정이 어디로 향하는지를 보여주는 지표가 된다는 점이다. 그래서 롱런하는 책은 당대의 시대정신을 고스란히 보여준다. 영화나 유튜브 영상은 개봉 직후 단기간에 성패가 갈리지만, 책은 다르다. 출간 후 몇 달, 길게는 몇 년 동안 재쇄(再刷)를 거듭하며 독자의 선택을 받아야 베스트셀러 자리에 오른다. 이 시간을 견뎌낸 책은 단순히 마케팅의 산물이 아니라, 당대의 대중이 진정으로 원했던 메시지를 담고 있다는 뜻이다.

2023년《세이노의 가르침》은 자기계발서의 범주를 넘어 '불황기의 자립 담론'을 상징했다. 2024년《마흔에 읽는 쇼펜하우어》는 40대 중년의 고립감과 불안을 해소하는 심리적 지지대 역할을 했다. 이런 책들이 오랫동안 순위를 유지했다는 사실은, 그 시기에 한국 사회가 어떤 불안을 겪고 있었는지를 명확히 보여준다.

특히 1년을 종합하는 하반기(7월~12월, 또는 1월~12월 종합) 베스트셀러 순위보다는 상반기(대략 1월~6월)에 나온 베스트셀러 책들이 더 중요하다. 하반기에는 전망서와 연말 특집물이 쏟아져 나오지만, 상반기의 베스트셀러는 독자들이 순수하게 '지금 가장 궁금한 것, 내가 지금 가장 원하는 지식, 인물, 콘텐츠'를 반영한다. 출판계가 상반기 베스트셀러를 주목하는 이유가 바로 여기에 있다.

책을 읽는 사람이 줄고, 출판시장이 위축되는 것은 분명하다. 그러나 역설적으로 그렇기 때문에 베스트셀러는 더욱 중요해진다. 이제는 소수의 독자가 선택한 책일지라도 그 안에는 시대의 욕망과 불안이 고밀도로 압축되어 있다. 베스트셀러는

구분/매체	영화	OTT	유튜브	책(베스트셀러)
소비 방식	극장, VOD, OTT	월정액, 개별 구매	유·무료, 광고 시청	권당 구매, 대여
몰입 기간	약 2시간	시즌별 수일, 수 주	영상당 수 분, 수십 분	며칠, 몇 주, 몇 달
의사표현 강도	1회당 관람료	월정액	무료, 광고 시청, 월정액	권당 수천~수만 원
유통망	극장, 플랫폼	디지털 전용 플랫폼	플랫폼	온·오프라인 서점
주요 담론 형성 주체	관객 리뷰, 비평가	비평가, SNS 리뷰	댓글, 커뮤니티	독자, 출판사, 비평가, 리뷰어
흥행 피드백	수일, 수 주	수시간, 수일, 수 주	수시간, 수일	수일, 수 주, 수개월

[사료 8] 매체별 콘텐츠 소비패턴 비교

단순한 판매 지표가 아니라, 대중이 무엇을 갈망하고 있는지를 드러내는 사회적 거울이기 때문이다. 따라서 베스트셀러 분석은 단순히 출판계의 마케팅 차원이 아니다. 그것은 곧 대중의 심리, 사회적 흐름, 그리고 미래의 방향성을 엿볼 수 있는 하나의 창이 된다.

사회의 집단적 관심사를 압축한 기록

2025년 상반기, 한국 사회는 대통령 선거라는 초대형 정치 이벤트에 휩싸여 있었다. 2024년 12월 3일 계엄 선포에서 2025년 6월 3일 선거일까지, 반년 동안은 말 그대로 '정치의 시간'이었다. 언론은 매일 정치 뉴스로 도배되었고, 사람들의 대화 주제도 대부분 정치였다. 자연스럽게 책 시장도 영향을 받았다. 다양한 장르가 소비되기보다, 사회적 격동과 직접적으로 맞닿아 있는 책들이 독자들의 선택을 받았다.

실제로 교보문고가 2025년 1월 1일부터 5월 31일까지 판매량을 집계한 2025년 상반기 베스트셀러 순위를 보면 그 흐름이 뚜렷하다. 1위는 한강 작가의 《소년이 온다》였다.[3] 광주 민주화운동을 다룬 이 소설은 한강 작가가 노벨문학상의 수상 소감에서 계엄 상황을 언급한 것이 결정적 계기가 되어, 노벨상 수상 이후 받았던 다수의 작품보다 더 뾰족한 대중의 주목을 받았다. 선거 과정에서 계엄령과 국가 폭력이 주요 화두로 떠오른 시점과 맞물리면서, 문학이지만 현실 정치의 그림자 속에서 시대적 상징으로 작동한 셈이다.

2위는 당시 후보였던 이재명 대통령의 《결국, 국민이 합니다》였다. 선거 국면에서 그의 정치 철학과 개인적 신념을 확인하려는 독자들이 몰렸다. 선거를 앞두고 출간된 정치인의 책이 단기간에 순위 상위권을 차지한 것은 단순한 독서 취향의 변화가 아니라, 독자들이 정치적 선택을 판단할 자료로 책을 활용했다는 의미다. 3위는 양귀자 작가의 《모순》, 4위는 《초역 부처의 말》이었다. 사회와 인간관계의 본질을 탐구하는 소설과 철학적 텍스트가 동시에 인기를 끈 것은 정치적 혼란 속에서 독자들이 '사유의 언어'를 필요로 했음을 보여준다.

특히 눈길을 끈 것은 정치인들의 저서였다. 이재명 대통령의 책이 상위권에 오르고, 한동훈 전 국민의힘 대표의 책도 출산 직후 베스트셀러 10위권에 진입했다. 두 책은 계엄 이후 한국 사회의 혼란을 서로 다른 시각으로 서술하며 각자의 정치적 입장을 대변했다. 정치인의 책은 선거 기간마다 출간되지만, 이번처럼 대중적 관심을 동시에 지속적으로 받은 사례는 드물다. 이는 독자들이 단순히 지지 후보의 관점을 확인하려는 목적뿐 아니라, 극단적으로 갈라진 현실을 책이라는 매체를 통해 비교·검증하려 했음을 의미한다. 실제로 온라인 서점 리뷰에는 "정치적 입장을 떠나 직접 읽고 판단하고 싶었다"는 글이 다수 올라왔다. 독자들은 언론 기사나 짧은 영상이 아닌, 정치인의 책을 통해 더 깊은 설명과 서사를 확인하려 한 것이다. 이는 2025년 상반기 독서가 단순한 여가가 아니라 '정치 참여의 연장선'이었다는 사실을 보여준다.

이처럼 2025년 상반기 출판시장은 정치 시즌이라는 외부 환경에 종속된 채, 특정 키워드('한강'과 '정치')가 지배하는 국면이었다. 서점은 여전히 한산했다. 책을 읽는 사람은 줄었고, 서점의 풍경은 조용했다. 그러나 독자들의 관심은 한국 사회의 격동과 직접적으로 연결된 책에 집중되었다. 한강의 소설은 안전한 키워드로 기능했고, 정치인의 책은 선거 국면을 압축적으로 드러냈다.

이는 출판시장이 단순히 문화적 취향의 반영이 아니라, 사회적 사건의 거울임을 다시 확인시켜 준다. 영화나 드라마는 빠른 소비와 즉각적인 반응으로 흐름을 보여주지만, 책은 상대적으로 깊고 느린 방식으로 대중의 불안을 드러낸다. 그래서 베스트셀러 순위는 단순한 판매 지표가 아니라, 당대 사회의 집단적 관심사를 압축한 기록이 된다.

진짜와 가짜를 가르는 기준

흥미로운 전환은 선거 직후부터 나타나기 시작했다. 6월 4일, 선거가 끝난 다음 날부터 7월 초까지 집계된 교보문고 베스트셀러 순위는 완전히 달라졌다. 정치 이슈가 사라지자 독자들의 선택은 곧장 문학과 자기성찰, 행동 중심의 책으로 이동했다.

그 변화의 상징은 성해나 작가의 소설집 《혼모노》였다. 선거 이전에는 순위권에 없던 작품이 대선 직후 돌연 1위로 급부상했고, 7월 내내 최상위권을 유지했다. 이 작품은 일곱 편의 단편이 묶인 소설집으로, 제목 '혼모노(ほんもの)'는 일본어로 '진짜, 진품'을 뜻한다. 주인공은 30년 경력의 박수무당 문수다. 문수는 신령 '장수 할밈'을 모시며 신탁을 내려왔지만, 어느 날 갑

자기 신이 떠나고 이웃집 젊은 무당에게 신령이 옮겨간다. "흉내만 내는 놈이 뭘 알겠냐"라는 말은 문수의 자존심을 무너뜨리고, 그는 자신이 '진짜 무당'인지 스스로 묻기 시작한다. 결국 그는 신의 존재가 아니라, 자신의 행동과 선택으로 정체성을 입증해야 하는 상황에 맞닥뜨린다.

이 작품이 던지는 메시지는 단순한 종교나 무속의 문제가 아니다. 그것은 "진짜와 가짜를 가르는 기준은 어디에 있는가?"라는 보편적 질문이다. 그리고 독자들은 정치 시즌을 통과한 직후 이 질문에 더 깊게 공감했다. 정치인의 언어와 공약, 사회적 갈등 속에서 '진짜 리더, 진짜 선택'이 무엇인지 끊임없이 물어야 했던 경험이 《혼모노》의 주제와 교차했기 때문이다.

흥미로운 점은 배우 박정민의 영향력이다. 그가 직접 출판사를 설립하고 책을 출간하면서 관련 작품들이 주목받았고, 특히 성해나 작가를 추천했다는 사실이 화제가 되었다. 이와 함께 《첫 여름, 완주》 같은 작품도 베스트셀러 상위권에 올랐다. 결과적으로 문학 작품이 다시 독자들의 선택을 이끌었고, 《청춘의 독서》, 《안녕이라 그랬어》 같은 에세이와 《행동은 불안을 이긴다》 같은 실천 지향적 책들이 순위에 진입했다. 이는 독서 트렌드가 '쇼펜하우어'라는 키워드로 상징되는 자기성찰의 시대에서 '행동과 실천'으로 옮겨가고 있음을 보여준다.

《혼모노》가 독자들에게 던진 핵심은 결국 정체성이다. 문수는 신령을 잃고 나서야 자신이 진짜인지 가짜인지 마주한다. 그는 "신이 있는가, 없는가"라는 질문을 넘어서, "내가 무엇을 할 수 있는가, 어떤 행동을 하는가"를 고민한다. 이는 단순히 무속의 이야기가 아니라 오늘날 많은 사람들이 겪는 문제와 맞닿아 있다.

현대 사회에서 우리는 끊임없이 '진짜와 가짜'의 문제에 부딪힌다. 정치인들의 말과 행동, 기업의 ESG 활동, 인플루언서들의 광고와 삶, 심지어는 AI가 만든 콘텐츠까지. 무엇이 진짜이고, 무엇이 가짜인지 구분하기 어렵다. 성해나 작가는 이 모호한 경계를 문학적 서사로 풀어내며, "진짜는 결국 행동에서 드러난다"라는 화두를 던졌다. 이 지점에서 독자들은 큰 울림을 받았다. 2025년 상반기의 정치적 격랑을 지나면서 말보다 행동, 이미지보다 실질, 보여주기보다 실천과 내용이 중요하다는 사실을 절감했기 때문이다. 그래서 《혼모노》는 그저 문학 작품이 아니라, 대중적 트렌드의 변화를 예고하는 신호탄으로 읽힌다. 정치 시즌이 끝나자마자 독자들이 선택한 첫 번째 책이 바로 '진짜와 가짜의 문제'를 묻는 작품이었다는 사실은 결코 우연이 아니다.

   2025년 상반기 출판시장은 정치라는 거대한 이슈에 종속되어 있었다. 그러나 선거가 끝나자 독자들은 곧바로 자기성찰을 넘어, 실천과 행동을 촉구하는 책들로 관심을 옮겼다. '행동을 통해 진짜를 증명해야 한다'는 시대적 요구를 반영하는 움직임이었다. 2026년 출판시장의 새로운 트렌드는 분명해 보인다. 단순한 위로와 성찰에서 벗어나, 구체적 실천과 개입, 행동의 가치를 묻는 책들이 더 많은 독자들의 선택을 받을 것이다. 선거는 끝났지만, 그 과정에서 남은 질문은 "이제 우리는 무엇을 할 것인가"라는 문제다.

'개입과 실천'을 통한 자기 증명

2025년 6월, 대통령 선거가 끝나자 베스트셀러 판도는 급격히 바뀌었다. 정치 이슈에 묶여 있던 독자들의 관심이 해방되면서, 문학·에세이·자기계발서의 흐름 속에서 새로운 키워드가 떠올랐다. 그것은 바로 '앙가주망(Engagement)', 개입과 실천이었다.

   성해나 작가의 작품뿐만 아니라, 김영하 작가의 수필집《단한 번의 삶》에서도 비슷한 화두가 제시된다. 글쓰기 강의에서 학생들이 "저 글쓰기 해도 될까요? 재능이 있을까요?"라고 묻는 장면이다. 작가는 회상한다. 그렇게 묻던 이들 중 실제 작가가 된 사람은 없었다고. 단지 묻지 않고 계속 쓴 이들이 시간이 지나 작가가 되었다고. 이 에피소드는 결국 "재능을 증명하는 것은 질문이 아니라 행동"이라는 메시지다. 《혼모노》의 주인공이 결국 행동을 선택하는 결말과 맞닿아 있다.

이런 맥락은 자기계발서 《행동은 불안을 이긴다》에서도 확인된다. 제목 그대로, 불안을 해소하는 길은 생각의 반복이 아니라 행동의 실천이라는 것이다. 정치 시즌이 끝나고 물가와 경기 불안이 남아 있는 상황에서 독자들은 더 이상 내면에 머물기를 거부했다. 불안 속에 머뭇거리기보다, 현실에 개입하고 움직임으로써 삶을 바꾸려는 열망이 표출된 것이다.

2023년과 2024년 상반기의 베스트셀러를 돌아보면, 2025년의 변화가 더욱 선명하다.[4] 2023년은 자기계발의 해였다. 《세이노의 가르침》은 무려 100만 부 이상 팔리며 신드롬이 되었다. 《원씽》, 《김미경의 마흔 수업》도 독자들의 선택을 받았나. 당시 독자들은 불확실한 시대를 개인의 단련과 자기계발로

2023년 상반기 (1~6월)

순위	책 제목	저자	분야
1	세이노의 가르침	세이노	자기계발
2	원씽	게리 켈러, 제이 파파산	자기계발
3	김미경의 마흔 수업	김미경	자기계발
4	불편한 편의점	김호연	소설
5	스즈메의 문단속	신카이 마코토	소설
6	만일 내가 인생을 다시 산다면	김혜남	인문
7	역행자	자청	자기계발
8	불편한 편의점 2	김호연	소설
9	구의 증명	최진영	소설
10	기분이 태도가 되지 말자	김수현	에세이

2024년 상반기 (1~6월)

순위	책 제목	저자	분야
1	마흔에 읽는 쇼펜하우어	강용수	인문
2	나는 메트로폴리탄 미술관의 경비원입니다	패트릭 브링리	에세이
3	불변의 법칙	모건 하우절	경제 경영
4	세이노의 가르침	세이노	자기계발
5	모순	양귀자	소설
6	이처럼 사소한 것들	클레어 키건	소설
7	도둑맞은 집중력	요한 하리	인문
8	처음부터 시작하는 주식투자 단타전략	홍인기	경제 경영
9	퓨처셀프	벤저민 하디	자기계발
10	생각이 너무 많은 어른들을 위한 심리학	김혜남	인문

2025년 6월 4일~7월 1일 (대선 직후 1개월)

순위	책 제목	저자	분야
1	혼모노	성해나	소설
2	청춘의 독서	유시민	인문
3	첫 여름, 완주	김금희	소설
4	모순	양귀자	소설
5	단 한 번의 삶	김영하	에세이
6	소년이 온다	한강	소설
7	급류	정대건	소설
8	안녕이라 그랬어	김애란	소설
9	행동을 불러 일으킨다	룸 다이엘 자기계발	자기계발
10	우리의 낙원에서 만나자	하태완	에세이

[자료 9] 2023년, 2024년, 2025년 상반기 베스트셀러 순위
출처: 교보문고, 2025년은 6월 4일~7월 1일

버티려 했다. "내가 강해져야 미래를 대비할 수 있다"는 메시지가 대중적 설득력을 가졌다.

2024년은 성찰의 해였다. 《마흔에 읽는 쇼펜하우어》, 《나는 메트로폴리탄 미술관의 경비원입니다》, 《이처럼 사소한 것들》이 베스트셀러 상위권을 차지했다. 강용수 박사는 쇼펜하우어를 해설하며 "마흔 이후에는 삶의 중심을 내면으로 옮겨야 한다"고 전했다. 《나는 메트로폴리탄 미술관의 경비원입니다》의 저자 패트릭 브링리는 기자 생활을 접고 미술관 경비원으로 일하며 예술 작품과 고요 속에서 상실을 극복했다. 클레어 키건의 소설 《이처럼 사소한 것들》은 평범한 인물이 주변과 관계 맺는 과정을 통해 진짜 자아와 마주하는 서사를 보여줬다.

이 세 권의 책이 공통적으로 말하는 것은 '내면의 성찰'이었다. 외부 환경을 바꿀 수 없는 무력감이 깊어질수록(이전 정부의 특징이 일부 담겨있다), 독자들은 자기 안으로 시선을 돌렸다. 정치, 경제, 사회의 큰 구조가 개인의 힘으로는 바뀌지 않는다고 느낄 때, 사람들은 조용히 자신을 들여다보는 쪽을 선택한 것이다. 그러나 2025년은 달랐다. 대통령 선거라는 초대형 정치 이벤트가 끝난 순간, 독자들의 관심은 내면에서 외부로 이동했다. "내가 바꿀 수 없는 세계"에 머무르는 대신, "내가 할 수 있는 개입"을 찾기 시작한 것이다.

《혼모노》, 《단 한 번의 삶》, 《행동은 불안을 이긴다》가 보여주는 공통된 화두는 행동을 통한 자기 증명이다. 더 이상 불안을 안고 성찰만 반복하지 않는다. 불안을 해소하기 위해 스스로 움직이고 선택해야 한다는 메시지가 독자들의 마음을 사로잡았다. 실제로 서점 현장에서도 변화가 감지됐다. 6월 이후 교보문고 베스트셀러 10위권에는 소설, 수필, 실천 지향 자기계발서가 함께 포진했다. 《청춘의 독서》, 《첫 여름, 완주》 같은 책들은 삶을 살아내는 방식과 경험을 공유하며 독자들의 공감을 얻었다. 《우리의 낙원에서 만나자》 같은 작품도 인간관계와 선택의 중요성을 환기했다.

이 변화는 단순히 독서 취향의 이동이 아니다. 2025년의 독자들은 더 이상 관망자가 아니다. 정치적 격동 속에서 무력감을 느꼈던 시간은 끝났다. 이제는 불확실한 경제, 흔들리는 사회 구조 속에서도 직접 개입하고 행동하며 자신을 증명하려는 흐름이 독서 트렌드에 반영된 것이다.

2023년은 자기계발, 2024년은 성찰이었다면, 2025년 하반기의 키워드는 개입과 실천이다. 책은 단순한 위로나 성찰의 도구가 아니라, 행동의 촉매제가 되고 있다. 독자들은 더 이상 내면에서 머물지 않는다. 불안한 미래 앞에서 직접 움직이고 선택하고 개입하려 한다.

2025년 6월 이후 베스트셀러는 바로 그 욕망을 보여준다. 정치 시즌이 끝나자마자, 독자들이 집어든 책은 '행동이 곧 정체성이다'라는 메시지를 던졌다. 이는 단순한 독서 트렌드의 변화가 아니라, 한국 사회가 맞이하고 있는 시대적 전환의 징후다.

결핍 추적자의 전망 3

향후 대중 소비자들은 단순한 위로나 내적 성찰 중심의 콘텐츠에서 벗어나게 될 것으로 보인다. 이제 사람들은 현실 속에서 적극적으로 참여하고, 행동을 통해 변화를 직접 체감할 수 있는 콘텐츠에 주목한다. 단순히 '나를 위로하는 콘텐츠'가 아니라 '나를 움직이게 하고 세상을 바꾸는 콘텐츠'를 찾는 것이다. 이 과정에서 중요한 키워드는 '정체성'이다. 사람들은 자신이 누구인지, 어떤 가치와 행동으로 정의되는지를 끊임없이 묻는다. 이 흐름은 자기계발서와 에세이에서도 확인된다. 김영하 작가의 《단 한 번의 삶》은 "재능이 있느냐"라는 질문보다 "계속 하느냐"가 중요하다는 메시지를 전한다. 《행동은 불안을 이긴다》 역시 머릿속에서 불안을 곱씹는 대신, 작은 행동을 통해 상황을 바꾸라는 실천적 메시지를 던진다. 이는 독자들에게 단순한 교훈을 넘어, 삶의 태도를 바꾸는 지침으로 작동한다.

문화 전반에서도 같은 경향이 포착된다. 최근 몇 년 사이 다큐멘터리와 르포르타주 장르가 인기를 얻고 있다. OTT 플랫폼에서 사회문제를 다룬 다큐멘터리 시리즈가 연달아 주목받고, 젊은 관객들은 이 작품을 보고 실제 사회운동에 참여하거나 기부로 행동을 이어간다. 콘텐츠 감상이 곧 행동으로 이어지는 구조다.

또한 정체성 탐구는 개별 소비자의 문화적 취향에도 반영된다. 최근 유행하는 전시와 공연을 보면, 단순히 아름다움을 감상하는 차원을 넘어 '나는 누구인가'를 묻는 기획이 늘고 있다.[5] 서울의 한 미술관에서 열린 '나를 묻는 얼굴들' 전시는 관람객들이 작품 앞에서 자신의 삶을 기록하도록 유도했고, 관람객 참여형 전시는 높은 재방문율을 기록했다. 책, 전시, 다큐멘터리 모두 참여와 몰입이라는 공통 키워드를 중심에 두고 있는 것이다.[6]

이처럼 현실 문제에 대한 관심과 자신의 정체성을 연결하는 콘텐츠는 순간적 소비로 끝나지 않는다. 사람들은 빠르게 스쳐

지나가는 숏폼 콘텐츠보다, 오랜 시간 몰입하고 의미를 곱씹을 수 있는 장르에 더 높은 가치를 둔다. 독서 모임, 장기 구독형 강좌, 온라인 커뮤니티에서의 심층 토론이 다시 늘어나는 것도 같은 맥락이다. 일시적 위로가 아니라, 정체성과 행동을 연결하는 깊이 있는 경험을 원하기 때문이다.

현재 소비자들은 더 이상 '위로와 성찰'만으로는 만족하지 않는다. 그들은 행동을 자극하고 정체성을 새롭게 규정할 수 있는 콘텐츠를 원한다. 이것이 2026년 이후 문화 소비의 새로운 흐름을 결정할 가능성이 높다. 이런 추세와 관련해서 중요한 시사점이 있다.

1. 숏폼의 시대, 롱폼의 귀환
　: 깊이와 맥락, 의미 있는 경험

2025년 6월, '광고계의 올림픽'이라 불리는 칸 국제광고제에서 놀라운 소식이 전해졌다. 손석구가 제작·주연한 12분 59초짜리 영화 〈밤낚시〉가 무려 5관왕을 차지한 것이다.[7] 이 작품은 개봉 당시 1,000원이라는 파격적인 가격으로 화제를 모았다. 하지만 이번 수상은 단순한 흥행 이벤트가 아니었다. 영화와 광고의 경계를 허물고, 동시에 짧은 영상 형식이 어디까지 확장될 수 있는지를 단적으로 보여주는 사건이었다. '짧음'이라는 포맷이 이제는 예술과 광고, 영화의 장르 구분을 무력화한 것이다.

숏폼은 이미 일상의 기본 언어가 되었다. 엠브레인TV가 발표한 자료에 따르면,[8] 숏폼 영상 경험률은 94.2%에 이른다. 사실상 거의 모든 영상 시청자가 숏폼을 경험하고 있다는 의미다. 유튜브 쇼츠, 틱톡, 인스타그램 릴스가 주도하는 이 시장은 실시간 반응과 빠른 확산성을 무기로 전 연령층으로 퍼졌다. 젊은 세대는 물론, 40~50대까지 출퇴근 시간에 짧은 영상을 소비하는 것이 자연스러운 습관이 되었다.

그러나 흥미로운 역설이 있다. 짧은 영상의 시대에도 상대적으로 긴 영상, 즉 롱폼 콘텐츠를 보겠다는 의향은 여전히 높다. 무려 83.4%의 시청자가 "롱폼을 시청할 의사가 있다"고 답했다. 단순히 "짧아서 본다"는 숏폼의 특성과 달리, 롱폼은 "집중해서 의미를 찾고 싶다"는 이유로 선택된다. 숏폼은 '핵심만 빠르게'라는 속도와 재미를 준다면, 롱폼은 '깊이와 맥락'을 제공한다. 유튜브에서도 1시간이 넘는 북토크나 전문가 강연 영상이 꾸준히 높은 조회수를 기록한다. 특히 MZ세대는 짧은 영상으로 재미를 즐기면서도, 특정 관심사에는 긴 영상을 찾아 몰입한다. 한 이용자는 "짧은 영상은 간식, 긴 영상은 식사"라고 표현했다. 이는 롱폼 콘텐츠가 여전히 '의미 소비'의 영역에서 강력한 수요를 가진다는 방증이다.

숏폼은 즉각적이고 가벼운 재미다. 친구와 웃고 넘길 수 있는 소재, 바이럴 밈, 짧은 드라마가 대표적이다. 하지만 롱폼은 목적이 다르다. 역사 다큐멘터리, 심층 인터뷰, 책을 원작으로 한 드라마 시리즈는 깊이 있는 사유를 자극한다. 숏폼이 시간을 잘게 쪼개는 시대에도 인간은 여전히 몰입과 사유의 시간을 필요로 한다. 숏폼이 '즉각적 만족'을 준다면, 롱폼은 '의미 있는 경험'을 제공하는 것이다. 전망은 분명하다. 숏폼은 대세로 자리 잡겠지만, 롱폼은 결코 사라지지 않는다. 오히려 짧은 영상에 피로를 느낀 시청자들이 '의미 있는 경험'을 찾으며 롱폼을 선택하는 경향이 강화될 것이다. 특히 특정 주제에 깊은 관심을 가진 견고한 시청자 층이 롱폼 시장을 지탱할 가능성이 높다. 재미가 지배하는 시대에도, 의미를 찾는 틈새는 반드시 남는다.

2. 진정성, 행동으로 증명하는 시대
: 자기 증명, 실천 지향

베스트셀러 소설 《혼모노》에서 드러난 '진짜와 가짜'에 대한 질문은 2026년 대중문화 전반의 핵심 테마로 자리 잡을 가능성이 높다. 이 흐름은 이미 여러 문화 현상에서 확인된다. 최근 세계적 열풍을 일으킨 애니메이션 영화 〈케이팝 데몬 헌터스(이하 케데헌)〉는 단순한 콘텐츠를 넘어 하나의 사회적 현상이 되었다. 가상의 아이돌 캐릭터들이 OST와 함께 빌보드, 스포티파이 차트를 석권했다. 미국, 일본, 영국, 중국 등 주요 시장에서 팬덤이 급속히 확산되었고, 팬들은 캐릭터를 실제 아이돌처럼 대했다. 팬 계정이 만들어지고, 커버 댄스 영상이 쏟아지고, 팬아트가 연일 SNS에 업로드되었다. 가상 캐릭터가 현실에 개입해 '진짜 아이돌'처럼 작동하는 순간이었다.

이는 단순한 열풍을 넘어 문화 소비의 방식이 변하고 있음을 보여준다. 과거 팬덤은 현실 인물에 집중했다. 하지만 이제는 애니메이션 속 캐릭터도 정체성과 진정성을 증명할 수 있다. 관객들에게 〈케데헌〉의 캐릭터들은 더 이상 허구가 아니다. 그들은 현실에서 영향력을 발휘하는 '실재하는 존재'로 받아들여진다. 문화 상품이 가상과 현실의 경계를 넘나들며, 팬덤의 참여와 개입을 현실로 끌어오는 것이다.

이런 맥락에서 중요한 키워드는 '진정성(authenticity)'이다. 사람들은 단순히 '나는 누구인가?'를 성찰하는 데서 멈추지 않는다. 이제는 '나는 어떻게 증명되는가?', '나의 정체성은 어떤 행동으로 드러나는가?'라는 질문으로 나아가고 있다. MBTI 같은 성격유형 검사가 한때 정체성 탐구의 유행을 이끌었지만, 이는 어디까지나 자기 이해의 출발점이었다. 이제 대중은 그 이해를 행동과 실천으로 연결하고 있다.

사례는 많다. 환경 다큐멘터리를 본 시청자들이 곧바로 플로깅(plogging, 조깅이나 산책 중 쓰레기를 수거하는 행위)에 참여하거나, 플라스틱 프리 챌린지를 시작하는 경우가 그렇다. 또, 사회적 이슈를 다룬 전시에서 관람객들이 작품에 메시지를 남기고, 온라인 캠페인으로 이어지는 사례도 늘고 있다. 단순히 콘텐츠를 '본다'에서 끝나지 않고, '참여한다' '실천한다'로 이어지는 구조가 강화되는 것이다.

앞으로 부상할 콘텐츠는 이런 맥락을 충실히 반영할 가능성이 크다. 표면적 자극이나 단순한 위로가 아니라, 개인의 구체적 감정 경험과 삶의 본질적 질문을 건드리는 작품이 각광 받을 것이다. 예를 들어, "나는 누구인가?"라는 질문을 던지는 데서 끝나지 않고, "나는 무엇을 할 수 있는가?", "나는 어떻게 세상에 개입할 것인가?"를 묻는 콘텐츠다. 관객과 독자는 그 과정에서 자신이 행동을 통해 진정성을 증명할 수 있다는 사실에 더 강하게 몰입할 것이다.

2026년 대중문화는 단순한 성찰에서 벗어나 실천 지향의 흐름으로 이동할 전망이다. 정체성을 묻고, 진정성을 행동으로 증명하는 시대가 열리고 있다. 그리고 이 흐름은 더 깊이 있는 문화 소비, 장기적 몰입, 사회적 개입으로 확장될 가능성이 크다.

3. 정체성과 결합한 뉴트로
 : 시대 공감, 정체성 확장, 가족 연대

2025년 3월, 넷플릭스에서 공개된 드라마 〈폭싹 속았수다〉는 방영과 동시에 한국 사회를 흔들었다. 이 작품은 방송 기간 내내 화제성 지표 최상위권을 기록했다. 콘텐츠 경쟁력 조사에서도 매주 1위에 올랐고, 굿데이터코퍼레이션의 FUNdex 조사에서는 글로벌 10위권에 진입했다. TV-OTT 종합 부문에서는 6주 연속 1위, 종영 후에도 10주 동안 순위권을 유지했다.[9] 단순한 흥행작을 넘어, 사회적 화제와 문화적 파장을 일으킨 작품이었다.

배경은 1960~1970년대 제주도. 그러나 이야기는 주인공 양금명의 시각으로 전개된다. 금명은 1987년 대학에 입학한 세대다. 민주화 운동과 사회 격변기를 직접 통과한 인물이다. 그의 성장 과정에는 억압적이던 시대적 조건이 깊게 각인되어 있다. 물질(해녀들이 산소 장치 없이 맨몸으로 바닷속에 잠수하여 해산물을 채취하는 행위)을 하다 일찍 세상을 떠난 엄마, 남존여비가 당연했던 제주도의 풍습, 희생적인 아버지와 강인한 어머니, 그리고 치열한 입시와 대학 시절의 경험이 그를 만든다. 드라마는 개인의 삶을 통해 한국 현대사의 굴곡을 세밀히 담아냈다.

이 드라마가 특히 강한 반향을 일으킨 세대는 86세대였다. 1980년대 대학을 다니며 청년기를 보낸 세대, 1960~1970년대생 시청자들은 금명의 이야기에 강렬한 공감을 보였다. 그들에게 이 작품은 단순한 드라마가 아니라 자신들의 현대사였다. 억압과 희생, 불평등 속에서 살아냈던 시간들이 드라마 속에 재현되었기 때문이다.

〈폭싹 속았수다〉는 세대별로 다른 방식의 공감을 이끌어 냈다. 중장년층에게는 과거의 추억을 소환했다. 억압적인 사회 분위기, 제주 사투리, 당대의 생활 소품이 드라마 속에서 사실적으로 재현되었다. 오래된 옷차림, 가구, 노랫말은 시청자에게 '나도 저 시절을 살았다'는 기억을 불러일으켰다. 시대가 부여했던 억압적 관계와 역할(가족, 사회, 국가)이 정체성으로 작동하던 시대에 관한 향수를 불러냈다. 이것이 정서적인 공감을 이끌어 냈다. 반면, 젊은 층에게는 이 디테일이 새로움으로 다가왔다.

낯선 패션과 음악, 소품은 문화적 호기심을 자극했고, SNS에서는 '복고가 아닌 새로운 트렌드'로 소비되었다. 실제로 드라마 방영 이후 당시 스타일을 차용한 뉴트로(Newtro) 패션 아이템, 레트로(Retro) 가전제품, 지역 특산품이 다시 주목받았다.

이 드라마는 과거를 살아낸 세대에게는 자신의 정체성에 대한 기억을, 젊은 세대에게는 새로운 문화적 소재를 제공했다. 이 두 층위가 만나는 지점에서 강력한 공감과 소비가 발생한다. 드라마 속 금명의 삶은 개인적 서사이지만, 동시에 국가·사회·가족이 개인에게 부여했던 역할과 정체성의 집합체였다. "아버지는 희생해야 했다. 어머니는 강해야 했다. 딸은 공부로 집안을 일으켜야 했다." 이 서사는 억압적이었지만, 동시에 한 세대의 정체성을 규정한 힘이었다.

이 방식의 뉴트로 콘텐츠는 더욱 확장될 가능성이 크다. 과거의 재현을 통해 단순히 그리움을 자극하는 것이 아니라, 정체성과 세대 간의 대화를 가능하게 하기 때문이다. 〈폭싹 속았수다〉가 보여준 것처럼, 디지털 시대에도 사람들은 여전히 자신을 규정했던 사회적 맥락과 다시 마주하려 한다. 뉴트로는 단순한 유행이 아니라 정체성과 결합된 시대적 화두로 자리 잡고 있다.

Chapter 6.
언보싱-리더포비아, 리더 없는 조직과 피드백 절벽 시대

피드백 절벽, AI 의존 편향, 정서적 사막화, 감정 번아웃,
스크린 친밀감, 연결된 고립, 소통 단절 증후군,
그레이트 플레트닝, 슬로우 에이징,
맞춤형 초개인화, 바이오해킹

리더가 되지 않아도 괜찮아

[시나리오 1. 2015년, 야망의 시대]

자정이 가까운 시각, 사무실에 홀로 남은 윤 과장은 뻑뻑한 눈을 비비며 모니터를 노려본다. 상사에게 보고할 기획안 때문이다. '피곤하지만 이 정도는 해야 인정받지. 이사님처럼 되려면 아직 멀었어.' 창밖으로 보이는 전무님의 외제 차를 힐끔거리며 그는 생각한다. '지금 몇 년 고생하면 10년 뒤에는 나도 저 자리에 앉을 수 있을 거야. 억대 연봉에, 모두가 우러러보는 명예까지…'. 그는 다시 한번 각오를 다지며 커피를 들이켠다. 야근과 주말 출근은 성공으로 가기 위한 당연한 투자였다.

[시나리오 2. 2025년, 회피의 시대]

"윤 대리, 이번에 신규 프로젝트 팀장 한번 맡아보는 거 어때? 좋은 기회야." 부장의 제안에 윤 대리는 웃음으로 답을 대신했지만 속은 복잡하다. 퇴근 후에도 단체 채팅방에 시달리고, 주말에도 수시로 회의를 잡는 팀장의 삶. 게다가 이번 주 토요일에는 주말 산행으로 단합대회라니. 헐. 과장, 팀장… 생각만 해도 머리가 아프다. 월급 몇 푼 더 받자고 내 삶을 저당 잡힐 순 없지. 윤 대리는 조용히 거절 의사를 정리한다. '내 일만 잘 마치고 제때 퇴근해서 운동하고, 재테크 공부하는 지금이 딱 좋아.' 어차피 오래 안 다닐 회사. 발 뺄 준비를 하고 다니는 그에게 리더의 자리는 기회가 아닌, 피하고 싶은 덫이었다.

10년 전, 대한민국 직장인에게 성공은 곧 승진을 의미했다. 2015년 12월, 취업 포털 인크루트와 한국건강증진개발원이 진행한 새해 계획 관련 조사에서 직장인들의 10명 중 4명이 새해 목표 1순위로 '승진'을 꼽았다.[1] 당시에는 승진이 곧 안정과 성취의 보증서였다. 높은 연봉과 사회적 명예를 얻기 위해서라면 리더의 무게쯤은 감수할 수 있다고 생각했던 것이다. 그러나 2025년의 직장 풍경은 전혀 다르다. 대학내일20대연구소가 20·30대 직장인 850명을 조사한 결과[2]는 많은 사람을 놀라게

했다. 특히 20년 이상 조직 생활을 이어온 40·50대에게는 충격으로 다가올 수 있다. 조사 결과, 향후 리더 역할을 맡지 않아도 "불안하지 않다"라고 답한 이들이 47.3%에 달했다. 반대로 "불안하다"라고 답한 비율은 22.1%에 그쳤다. 승진의 의미는 10년 전과 정확히 뒤바뀌었다.

리더를 원하지 않는 이유는 분명했다. 가장 큰 이유는 '성과 책임에 대한 부담'(42.8%)이었다. 이어서 '업무량 증가'(41.6%)도 크게 작용했다. 한마디로 리더는 희망의 자리가 아니라 부담의 자리로 인식되고 있는 것이다.

예를 들어, 한 IT 대기업에서 팀장을 맡은 30대 직장인의 사례를 보자. 그는 승진 직후 주말에도 업무 메일에 시달리고, 성과 압박으로 매달 실적 보고에 시달렸다. 결국 불과 1년 만에 다시 평사원으로 내려오기를 선택했다. 또 다른 금융권 여성 관리자 역시 출산과 육아를 병행하면서 리더직을 유지하기 어려워 사직을 고민했다고 털어놓았다. 과거라면 상상하기 힘든 선택이다. 이런 흐름은 MZ세대의 가치관과도 맞닿아 있다. 이들은 개인의 삶과 균형을 무엇보다 중시한다. '워라벨(Work-Life Balance)'은 단순한 구호가 아니라 생활 원칙이 되었다. 승진으로 얻는 금전적 보상보다 자유와 안정이 더 중요해진 것이다. 실제로 한 조사에서는 "리더가 되지 않아도 괜찮다"는 응답이 20·30대에서 압도적으로 높게 나타났다.

10년 전에는 선망의 대상이었던 리더의 자리가 이제는 기피와 회피의 대상이 되고 있다. 언보싱(Unbossing), 리더가 되지 않겠다는 태도가 더는 특이한 일이 아니다. 오히려 자연스러운 선택으로 받아들여지고 있다. '리더포비아(Leader-phobia)'라는 말은 더 이상 과장이 아니다. 결국 질문은 하나로 모인다. 왜 리더의 자리가 이렇게 변했을까? 과연 이 흐름은 일시적 현상일까, 아니면 앞으로 한국 사회의 일터를 규정할 새로운 질서일까?

'리더 되기'를 두려워하는 이유

10년 전만 해도 리더의 자리는 성공의 상징이었다. 하지만 지금은 다르다. 리더 자리를 두려워하는 사람들이 많아졌다. 왜 이런 변화가 일어난 걸까? 심리학과 경제학의 시각에서 몇 가지 이유를 살펴볼 수 있다.

1. 자율성·유능성·관계성의 위협

심리학에서 자주 언급되는 개념이 있다. 바로 자기결정성 이론(Self-Determination Theory)이다.[3] 이 이론에 따르면, 사람은 자율성, 유능성, 관계성이 충족될 때 내적 동기를 느낀다. 그러나 한국 사회에서 리더가 되는 순간, 이 세 가지가 모두 흔들리는 시대가 되었다. 먼저 자율성이 줄어든다. 실무자일 때는 자신의 시간과 방식을 스스로 조절할 수 있는 시대로 변했다. 일이 끝나면 퇴근해 개인 시간을 즐길 수도 있다. 하지만 리더가 되는 순간 상황이 달라진다. 팀원들의 보고를 받아야 하고, 문제가 생기면 밤이나 주말에도 불려 나와야 한다. 자유는 줄고, 통제는 늘어난다.

유능성도 위협받는다. 뛰어난 실무자가 반드시 뛰어난 리더가 되는 것은 아니다. 예를 들어, 개발자로서 뛰어난 성과를 내던 사람이 팀장이 되면 상황이 달라진다. 코딩 능력보다 팀 관리와 갈등 조정 능력, 외부 영업에 대한 역할과 소통이 더 중요해진다. 하지만 이런 새로운 역량을 준비하지 못한 경우가 많다. 그러다 보니 "나는 부족하다"는 생각이 들고, 자신감이 떨어진다. 실제로 한 대기업 연구원은 팀장이 된 후 "나는 연구는 잘하지만 사람을 이끄는 일에는 자신이 없다"며 우울감을 호소했다.

관계성도 문제다. 어제까지 함께 농담하던 동료들이 내가 팀장이 되는 순간 태도가 달라진다. 이제는 평가자이자 권한을 가진 상사가 되기 때문이다. 술자리에 함께하던 친구들이 속마음을 감추기 시작한다. 그 결과 리더는 고립감을 느끼고 외로워진다. 리더가 되고 난 뒤에는 예전처럼 편하게 점심 먹을 사람이 사라지게 될 수도 있는 것이다.

2. 완벽주의와 가면 증후군

또 다른 이유는 완벽주의와 가면 증후군(Imposter Syndrome)이다.[4] 많은 사람들이 자신의 성취가 실력이 아니라 운 덕분이라고 생각한다. 그래서 리더가 된 후에도 '내가 정말 이 자리에 어울릴까?'라는 불안을 느낀다. 예를 들어, 대기업 승진자 중 많은 이들이 승진한 후 이런 불안과 의심 때문에 불면증과 우울감을 겪기도 한다.

특히 한국 사회에서 요구하는 완벽한 리더의 이미지는 승진한 사람들을 더 불안하게 만든다. 리더라면 모든 문제에 완벽히 대응하고 팀원들 앞에서 흔들림 없는 모습을 보여야 한다는 압박감이 있기 때문이다. 이를 가면 증후군이라고 부른다. 회의에서 실수 한 번 하면 리더의 자격이 없다는 낙인이 찍힐 수 있다. 그래서 많은 리더가 회의 준비에 과도한 시간을 쓰고, 때로는 보여주기식 경쟁에 빠지기도 한다. 이것은 회의 시간을 과도한 인정투쟁의 장으로 만들기도 하는 동기가 된다. 이 압박감은 결국 "차라리 리더가 되지 않는 게 낫다"는 생각으로 이어진다.

3. 손실 회피 심리

앞선 심리적 이유만으로는 불과 10년 만에 상황이 정반대로 바뀐, 리더포비아로의 변화를 다 설명하기는 어렵다. 여기에는 경제학적 요인도 있다. 행동경제학에 따르면 사람은 이익보다 손실을 더 크게 느낀다. 예를 들어, 연봉이 오르면 기쁘지만 워라밸이 무너지면 그 고통이 훨씬 더 크게 다가온다.

실제로 다수의 직장인 조사 결과, 연봉 인상보다 중요한 2순위 요소는 늘 '워라밸'이었다.[5] 연봉이 약간 오르는 대신 매일 야근과 주말 근무로 인해 가족과 함께 보내는 시간을 포기해야 한다면, 이 작은 연봉 인상의 기쁨은 크게 와 닿지 않는다. 작은 보상보다 삶의 균형을 중시하는 것이다. 리더가 되면 권한이 생기기도 한다. 하지만 동시에 모든 잘못된 결정에 대한 책임도 떠안아야 한다. "이익은 작고, 리스크는 크다." 이것이 지금 20·30세대가 내린 현실적 계산이다. 승진해서 연봉이 오르는 것은 좋은 일이지만, 일과 삶을 균형있게 유지하는 것은 2025년 현재, 리더가 되는 것을 공포로 느낄 정도로 강력한 동기다. 단순히 '워라밸이 정신건강상 중요하다' 정도의 낭만적 차원이 아니다. 리더가 되면 업무 강도는 높아지고, 필연적으로 복합적인 인간관계를 관리해야 하며, 이에 따른 스트레스도 증가한다. 워라밸 포기는 당연한 수순이다.

많은 직장인은 리더 자리를 거부하고 '심리적 안정감'을 얻으려 한다. 스트레스 없는 일상, 동료와의 편안한 관계, 여유로운 삶이 주는 행복이 리더로 얻는 권위나 금전적 보상보다 더 가치 있다고 여기는 것이다. 이제 리더십은 더 이상 무조건적인 선망의 대상이 아닌, '신중히 피해야 할 위험한 선택지'로 자리 잡고 있다.

리더보다 혈당 관리, 저속노화

2030 직장인들 사이에서 독특한 현상이 나타나고 있다. 바로

'혈당 관리'다. 예전 같으면 20대, 30대의 건강 관리란 운동이나 체형 관리 정도로 여겨졌다. 당뇨 관리나 혈당 조절은 주로 50대, 60대 중년 세대의 과제로 생각되었다. 그러나 지금은 다르다. 젊은 직장인들이 스스로 혈당을 관리하려는 움직임이 강해지고 있다.

국민건강보험공단 발표에 따르면, 지난 4년간(2021~2024) 국내 당뇨병 환자가 크게 늘었다. 특히 20대와 30대에서 환자가 눈에 띄게 증가했다.[6] 팬데믹 기간 동안 배달 음식 소비가 급격히 늘고, 활동량은 줄어든 것이 주요 원인으로 지적된다. 문제는 젊은 세대는 초기 증상을 자각하기 어렵다는 점이다. 연구에 따르면, 20대와 30대 당뇨 환자의 약 60%가 본인의 병을 인식하지 못한다. 반면, 50대 이상은 정기 검진을 통해 자신의 건강 상태를 더 정확히 알고 있다. 아이러니하게도 젊은 층이 당뇨에 더 취약한 것이다.

놀라운 점은 이들이 오히려 혈당 관리에 가장 적극적이라는 사실이다. 2025년 4월, 엠브레인의 조사 자료에 따르면[7] 20대 중 93%가 "건강 관리에 매우 높은 관심이 있다"고 응답했다. 단순히 운동을 하거나 다이어트를 하는 수준이 아니라, 혈당 관리 같은 구체적인 방법을 실천하고 있었다. 조사 결과에서

20대는 '식후 혈당 스파이크(혈당이 갑자기 오르는 현상)'에 가장 민감하게 반응했다. 67.5%가 1순위 관심사로 꼽았다. 또 "혈당 관리를 열심히 한다"는 동의율에서도 20대가 가장 높았다(66.5%).[8] 카페에서는 당연히 일반 음료보다 제로 슈거 음료를 고르고, 술자리에서도 칼로리를 낮춘 주류를 찾는다. 실제로 편의점과 대형마트에서 제로 슈거 제품은 젊은 세대의 수요 덕분에 빠르게 성장하고 있다.

혈당 관리 현상은 단순히 질병 예방을 넘어서 '저속노화(slow aging)'라는 트렌드와 연결되고 있다. 노화를 멈출 수는 없지만, 최대한 늦추고 싶다는 욕구다. 최근 젊은 층을 중심으로 '저속노화 식단'이 빠르게 확산되고 있다. 단순당, 흰 쌀밥, 빵 같은 정제 곡물은 줄이고, 붉은 고기보다 채식 위주의 식단을 선택한다. 푸른잎 채소, 통곡물, 콩류, 견과류, 베리류를 더 많이 섭취하는 방식이다. 조사에서도 이 경향이 확인된다. 엠브레인 TV가 공개한 자료에 따르면,[9] 저속노화 식단의 인지도는 20대(35.0%)와 30대(34.5%)가, 50대(21.5%)보다 훨씬 높았다. 노화가 당장 피부에 와 닿는 세대는 중년층이지만, 관심은 오히려 청년층이 더 높은 것이다. 이들은 "건강하게 오래 살겠다"보다 "늦게, 천천히 나이 들겠다"를 목표로 삼는다.

젊은 직장인들에게 혈당 관리와 저속노화는 단순한 건강 습관이 아니다. 이는 삶을 스스로 통제하고 있다는 감각을 회복하는 방법이다. 혈당을 관리하면 자신의 몸과 생활을 스스로 지배한다는 확신을 얻는다고 생각하는 것이다. 예를 들어, 매일 아침 혈당을 체크하고 저당 식단을 유지하는 것은 작은 행동이지만, 그 성과는 크다. 피곤하지 않고, 집중력이 높아지고, 마음이 안정된다. 리더의 자리에서 얻는 권위보다 더 직접적인 만족을 주는 것이다.

리더포비아와 워라밸 추구, 그리고 2030 세대의 건강 관리는 서로 밀접하게 연결돼 있다. 딱 10년 전만 해도 상당한 스트레스를 감수하더라도, 높은 직위를 얻어 권위와 물질적 성공을 얻는 것이 최우선 목표였다. 하지만 이제는 개인의 스트레스를 최소화하고 일상적 행복을 유지하는 데 초점이 맞춰지고 있다. 특히 지금의 2030 젊은 직장인들은 심리적 안정감과 온전히 자신이 통제하는 건강한 삶을 위해 '리더가 되기 위한 스트레스'를 감내하려 하지 않는다. 이제 리더십은 선택지가 아니라 회피해야 할 위험 요소로 여겨진다. 그래서, 이들에게 리더 되기는 일종의 공포다.

결핍 추적자의 전망 4

리더포비아는 갑자기 직장에서만 등장한 돌발 현상이 아니다. 그 뿌리는 훨씬 더 깊다. 《2024 트렌드 모니터》는 이미 이 현상을 예고했다. 책에서는 지금 한국 사회를 '세 가지 부재의 시대'로 진단했다. 진심 어린 조언을 해줄 친구의 부재, 일의 의미를 함께 찾을 동료의 부재, 그리고 말이 아닌 책임지는 행동으로 보여주는 진짜 어른의 부재. 이 세 가지가 사라진 자리에서 리더포비아가 싹튼 것이다.

특히 세 번째, 어른의 부재는 리더포비아의 근본적인 토양이다. 존경할 만한 리더를 경험한 적 없는 세대가 있다. 그들의 기억 속 리더는 책임은 회피하고 권위만 내세우던 인물, 혹은 권한만 행사하고 진짜 책임은 지지 않던 관리자였다. 당연히 그런 리더를 보며 자란 세대에게 리더는 동경의 대상이 될 수 없다. "나도 저렇게 되고 싶다"는 롤 모델이 없는 대신, "저렇게는 절대 되지 말아야지"라는 반면교사만 남았다.

롤 모델 없는 사회는 아이러니하다. 리더는 늘 존재했지만 존경할 수 있는 리더는 부재했다. 직장에서는 권위적인 상사, 무능하지만 책임은 떠넘기는 관리자, 보여주기식 리더십만 강조하는 상급자를 보며 많은 청년들이 성장했다. 한 20대 직장인은 이렇게 말한다. "우리 팀장은 항상 성과는 우리에게 맡기고, 보고서에만 이름을 올린다. 그런 자리를 내가 왜 맡아야 하나?" 실제로 이런 경험을 반복하며 자란 세대에게 '리더가 되는 것'은 곧 '그들과 똑같이 되는 것'으로 인식된다. 이들은 리더를 꿈꾸기보다 리더가 되지 않으려는 쪽을 선택한다.

리더포비아는 단순히 직장에서의 역할 거부가 아니다. 그것은 어른 없는 사회의 예고된 귀결이다. 진짜 리더를 경험하지 못한 세대가 리더가 될 때, 그 빈자리는 두려움으로 채워진다. 그들에게 리더는 '되지 말아야 할 존재'가 된다. 이 현상은 단순한 개인의 심리 문제가 아니라 사회적 구조의 반영이다. 조직은 여전히 리더십을 필요로 하지만, 개인은 그 자리를 외면한다. 이 괴리가 깊어질수록 리더 자리는 더욱 공허해지고, 조직 내 의사결정은 약화될 수 있다. 결국 리더포비아는 우리 사회가 '누구를 따라야 하는가?'라는 질문에 답하지 못한 결과다. 존경할 리더가 없는 사회에서 사람들은 스스로 그 자리를 거부한다. 리더가 되지 않는 것이 현명한 선택처럼 보이는 시대, 그것이 바로 지금 우리가 목격하는 리더포비아다. 이 '리더포비아'라는 현상은 앞으로 다양한 장면에서 중요한 시사점을 던진다.

1. 피드백 절벽 시대
 : AI 의존 편향, 정서적 사막화 현상, 감정 번아웃

리더포비아 현상이 커질수록 조직에서 나타나는 가장 큰 문제 중 하나는 '피드백 절벽'이다. 피드백 절벽이란 구성원들이 서로에게 주고받는 정서적 피드백이 급격히 줄어드는 상황을 말한다. 리더가 되기를 꺼리는 사람들이 늘어나면 조직에서 자연스럽게 상호작용도 줄어든다. 예전에는 선배가 후배에게 "오늘 발표 잘했어"라거나 "이 부분은 조금 더 보완하면 좋겠다" 같은 말을 건넸다. 하지만 이제는 주어진 업무만 하고 끝내는 경우가 많아졌다. '내 일만 하면 된다'는 태도가 퍼지면서 관계 맺기 자체를 꺼리게 된 것이다. 이렇게 되면 팀장과 팀원은 필요한 일 외에 업무 외 대화를 거의 하지 않게 된다. 이런 경험이 반복되면 회사는 점점 더 차가운 공간이 된다.

여기에 AI 기반 시스템이 직장 동료의 자리와 업무 관련 상담, 조언의 문제를 대체하면서 상황은 더 심각해지고 있다. 조직생활에서 대부분의 소통을 사람이 아니라 시스템이 대신하게 되면, 구성원들은 효율적인 지시는 받지만 감정적인 지지를 받지 못하게 되기 때문이다. 실제로 최근 IT 기업이나 스타트업에서는 프로젝트 관리와 평가의 상당 부분이 AI를 통해 이뤄지고 있다. 보고서를 AI가 바로 수정해 주고, 일정 관리도 자동으로 이루어진다. 겉으로는 업무가 빨라지고 정확해졌지만, 그 과정에서 사람과 사람 사이의 대화는 줄어들고 있다. 예전에는 상사가 "수고했어"라는 말 한마디라도 건넸는데, 이제는 시스템 메시지로 "업무 완료"라는 표시만 뜬다. 이제 조직 구성원들은 자신의 성과를 인정해 주는 것이 상사가 아니라 알고리즘이 되는 시대를 맞이했다. 이렇게 되면 회사에 다니는 것은 점점 더 외로워진다.

〈하버드비즈니스리뷰(HBR)〉가 2025년 5월 발표한 연구는 이런 문제를 잘 보여준다.[10] 3,500여 명을 대상으로 생성형 AI 협업 효과를 실험했는데, AI를 활용한 집단은 동일 과제를 평균 30% 더 빠르게 끝냈다. 품질도 높았다. 즉, 성과는 눈에 띄게 향상되었다. 하지만 문제는 그 이후였다. 같은 집단이 AI 없이 과제를 수행했을 때, 내적 동기가 크게 떨어졌다. 연구에 따르면 내적 동기는 평균 11% 감소했고, 지루함은 20% 늘어났다. 정서적 고립감도 증가했다. 연구팀은 이 현상을 'AI 의존 편향(dependence bias)'이라고 불렀다. AI 덕분에 단기 성과는 올라가지만, 스스로 일에 주도성을 잃고 동기를 잃어버린다는 것이다. 이 결과는 단순히 생산성의 문제가 아니다. "AI가 없으면 나는 무력하다"는 생각을 직원들이 갖게 되면, 결국 자기 일에서 재미와 성취감을 느끼기 어려워진다. 이는 번아웃으로 직결된다.

피드백 절벽이 지속되면 구성원들은 점점 더 외롭고 지친다. 누구도 나의 노력을 진심으로 인정해 주지 않고, 내가 잘하고 있는지 알려주는 것도 알고리즘과 AI뿐일 수 있다. 정서적 고립이 심해지면서 업무 몰입도는 떨어지고, 감정적 번아웃이 빠르게 확산된다. AI 분석 툴을 도입해 보고서 작업시간이 크게 줄면, 분명히 성과는 급격하게 높아진다. 하지만 시간이 지날수록 조직 구성원들은 "회사에서 내가 필요 없는 것 같다"는 불안을 호소할 수 있다. 보고서에 대한 칭찬이나 피드백이 사라지면서, 자신이 의미 있는 일을 하고 있다는 확신도 줄어들기 때문이다.

이런 현상은 결국 더 잦은 이직과 전직으로 이어진다. 경기 상황과 관계없이 직원들이 회사를 떠나는 이유가 '더 많은 보상'이 아니라 '더 나은 정서적 환경'이 되는 것이다. 따라서 조직은 AI의 확산 속에서도 인간적 피드백을 반드시 보완해야 한다. 단순히 업무 성과를 관리하는 시스템만으로는 사람을 붙잡을 수 없다. 구성원들이 "나는 존중받고 있다"는 감정을 느낄 수 있어야 한다. 따라서, 조직이 정서적 지지와 관계적 신뢰를 유지하기 위해서는 인간적 피드백 시스템을 적극적으로 보완하는 것이 필수적이다. 정기적인 1:1 면담, 동료 간의 상호 멘토링 프로그램, 감정코칭 시스템 등을 도입해 정서적 고립을 예방하고 구성원들의 감정 건강을 관리해야 한다.

리더포비아가 확산되면 조직 내 상호작용이 줄고, AI 시스템 확산은 정서적 사막화를 가속화한다. 결국 구성원들은 번아웃을 경험하고, 이직과 전직은 더 잦아진다. 조직이 지속 가능하려면, 단기 성과를 넘어 사람의 감정을 지키는 장치가 필요하다. 피드백 절벽을 넘어서기 위해서는 AI의 효율성과 더불어 '인간적인 말 한마디'를 잊지 않는 리더십이 필요하다. 결국 조직을 지탱하는 것은 기술이 아니라 사람의 마음이기 때문이다.

2. 초연결 시대의 역설
: 스크린 친밀감, 연결된 고립, 소통 단절 증후군

리더포비아와 함께 조직 내에서 디지털 중심 업무 환경이 확산되면서 '스크린 친밀감(Screen Intimacy)'이라는 새로운 형태의 소속감이 형성되고 있다. 직원들은 메신저, 이메일, 그룹웨어 같은 디지털 도구를 통해 늘 연결되어 있다. 아침에 출근해도, 저녁에 퇴근해도 메시지는 끊임없이 이어진다. 화면 속에서는 늘

누군가와 대화하고, 협업하는 것처럼 보인다. 하지만 이 친밀감은 스크린 속에서만 작동하는 친밀감이다. 얼굴을 마주 보지 않고, 깊이 있는 대화를 하지 못하기 때문이다. 사람들은 가상 공간에서는 '함께 있다'고 느끼고 연결되어 있는 것 같지만, 현실 공간에서는 오히려 더 고립된다. '연결된 고립(Connected Isolation)' 현상은 '초연결 시대의 역설'이라고 부를 수 있다. 기술이 사람을 더 강하게 연결할 것처럼 보이지만, 실제로는 정서적 거리감을 더 크게 만든다. 디지털 대화는 빠르고 효율적이지만 상대의 표정과 말투, 미묘한 감정을 전달하지 못한다. 예를 들어, 팀 메신저에서 "고생했어"라는 메시지는 쉽게 보낼 수 있다. 하지만 직접 얼굴을 보며 눈을 맞추면서 "오늘 발표 정말 수고했어"라는 말을 들을 때 느껴지는 따뜻함은 주지 못한다. 그래서 직원들은 연결은 되어 있지만, 마음은 채워지지 않는다.

직원들은 디지털 플랫폼에서는 소속감을 느낀다. 슬랙 채널, 카카오톡 단체방, 온라인 협업 툴에서 늘 팀과 연결되어 있기 때문이다. 그러나 실제로는 정서적 고립이 심해진다. 연구에 따르면, 온라인 소통이 많은 직원일수록 오히려 "회사에서 외롭다"고 느끼는 비율이 높게 나타난다.[11]

이런 상황은 '소통 단절 증후군'으로 이어진다. 조직 구성원들이 서로 연결은 되어 있지만, 실제로는 진짜 대화를 나누지 못하는 것이다. 메시지와 이모티콘은 넘치지만 진짜 공감은 줄어든다. 결국 사람들은 "나는 조직에 속해 있지만, 동시에 혼자다"라는 모순된 감정을 경험한다.

그렇다면 조직은 어떻게 대응해야 할까? 가장 중요한 것은 스크린 친밀감과 현실적 소속감의 균형을 맞춰주는 것이다. 단순히 온라인으로 연결되어 있다는 느낌만으로는 직원들의 정서를 지킬 수 없기 때문이다. 첫째, 정기적인 오프라인 소통이 필요하다. 주 1회라도 팀원들이 모여 대화하는 시간을 갖는 것이 효과적이다. 둘째, 협력적 문제 해결 워크숍을 운영할 수 있다. 단순히 회의가 아니라 함께 과제를 풀며 서로의 생각을 듣고 토론하는 과정이 중요하다. 셋째, 팀 빌딩 활동을 강화해야 한다. 예를 들어, 함께 봉사활동을 하거나 소규모로 취미를 공유하는 모임을 조직할 수 있다.

초연결 시대의 조직은 아이러니하게도 '정서적 사막화'의 위험에 놓여 있다. 메신저와 이메일은 끊임없이 울리지만, 마음은 점점 더 고립된다. 스크린 친밀감만으로는 충분하지 않다. 조직이 건강하려면 사람과 사람 사이의 현실적 유대가 필요하다. 얼굴을 보고 나누는 대화, 진심이 담긴 칭찬, 함께하는 경험이 직원들의 소속감을 채워준다. 결국 조직의 지속가능성은 기술적 연결이 아니라, 인간적 연결 위에서 세워지기 때문이다.

3. 중간관리자 딜레마
　: 그레이트 플레트닝

최근 글로벌 빅테크 기업들이 잇따라 구조조정을 단행하고 있다. 이 과정에서 가장 눈에 띄는 변화는 바로 중간관리자의 급격한 축소다.[12] 이 현상을 가리켜 '그레이트 플래트닝(Great Flattening)'이라고 부른다.[13] 말 그대로 관리 계층을 최소화해 조직을 '평평하게' 만드는 전략이다. 마이크로소프트, 인텔, 아마존 같은 글로벌 선도 기업들은 이미 중간관리자를 대폭 줄이고 있다. 목표는 조직의 효율성을 높이고 불필요한 비용을 줄이는 것이다. 이는 단순히 비용 절감 차원을 넘어, 변화한 업무 환경과 밀접히 맞닿아 있다.

중간관리자 축소는 '리더포비아' 현상과도 연결된다. 한쪽에서는 직원들이 리더가 되기를 기피한다. 다른 한쪽에서는 기업이 리더를 필요로 하지 않는다. 즉, 관리자 자리가 개인에게도, 조직에도 매력이 없어진 것이다. AI의 확산이 이 흐름을 가속화하고 있다. 과거 중간관리자가 맡았던 보고, 일정 관리, 성과 평가 같은 반복적·행정적 업무가 이제는 AI 시스템으로 대체 가능해졌다. 그 결과, 관리자는 '불필요한 계층'으로 간주되기 시작했다.

2025년 5월, 마이크로소프트는 전체 직원의 약 3%인 6천 명을 구조조정한다고 발표했다.[14] 이번 구조조정은 단순히 저성과자 정리에 그치지 않았다. 오히려 중간관리자의 역할을 줄이는 데 초점이 맞춰졌다. 인텔의 CEO 팻 겔싱어는 "최고의 리더는 최소 인력으로 최대 성과를 내는 사람"이라며, 관리 업무의 축소를 강조했다.[15] 아마존 역시 관리자의 수를 줄이고 개인 기여자(individual contributor)의 비중을 늘리는 방향을 택했다.[16] 구글과 메타 또한 비슷한 흐름을 보이고 있다. 〈비즈니스 인사이더〉와 데이터 조사 기업 '리밸리오 랩스'의 조사에 따르면, 2022년 4월부터 2024년 10월 사이 글로벌 기업의 중간관리자 채용공고는 무려 42% 감소했다.[17] 이는 중간관리자가 더 이상 조직의 핵심 인력으로 평가되지 않고 있음을 보여준다.

이 같은 현상에는 두 가지 주요 원인이 있다. 첫째, 중간관리자는 비용 절감 대상이라는 점이다. 중간관리자는 직접 성과를 창출하기보다는 관리와 조율을 담당한다. 따라서 기업 입장에서는 가장 먼저 비용 절감의 타깃이 된다. 둘째, 의사결정 지연 문제. 중간관리자가 많으면 보고 라인이 길어지고 의사결정이 느려진다. 오늘날처럼 시장 변화가 빠른 환경에서는 치명적인 단점이다. 특히, 최근 AI 기술의 급격한 발전은 중간관리자의 역할을 직접적으로 위협한다. 일정 조율, 성과 평가, 보고 작성 등은 이미 AI가 더 빠르고 정확하게 처리할 수 있는 영역이 되었기 때문이다.

그러나 모든 기업이 '중간관리자 축소'가 최선이라고 보는 것은 아니다. 실제로 메타는 2023년 중간관리자 감축을 단행했을 때, 조직 혼란이 발생했다.[18] 업무 지시가 불명확해졌고, 실무자들이 의사결정권자를 찾느라 시간을 허비했다. 그 결과, 오히려 생산성이 떨어졌다. 중간관리자의 핵심 기능은 단순 관리가 아니라 조직 내 의사소통의 연결 고리 역할이다. 팀원들의 사소한 불만을 듣고, 상위 리더에게 의견을 전달하며, 구성원들의 정서적 지지를 담당한다. 이 역할이 사라지면 직원들은 더 쉽게 조직을 떠난다. 또한 중간관리자가 줄면, 일상적인 관리 업무가 고위 임원에게 집중된다. 그러면 임원들은 전략적 사고에 집중하지 못하고, 조직 전체의 생산성이 저하될 수 있다.

결국 AI 시대의 중간관리자는 어떤 역할로 재정의하고 어떤 인간적인 가치를 제공하는가에 따라 새로운 방식으로 조직 내에서 중요한 존재로 부활할 수 있다. AI 시대의 중간관리자가 완전히 사라질 것이라고 단정하기는 어렵다. 오히려 역할이 재정의될 가능성이 크다. 단순 행정 업무는 AI가 맡더라도, 인간적인 가치는 여전히 필요하기 때문이다. 앞으로 중간관리자는 단순 관리자가 아니라 코치, 멘토, 조력자로서 진화해야 한다. 팀원의 성장을 돕고, 정서적 안정감을 제공하며, 조직의 문화적 가치를 연결하는 역할을 맡게 될 것이다. 실제로 일부 기업에서는 중간관리자의 KPI(성과지표)를 '성과 관리'보다 '팀원의 몰입도와 만족도'로 바꾸고 있다. AI가 효율성을 담당한다면, 관리자는 사람의 마음을 다루는 역할에 집중하는 것이다.

중간관리자의 축소는 피할 수 없는 흐름처럼 보인다. 기업은 비용을 줄이고, AI는 관리 업무를 대체한다. 그러나 동시에 중간관리자가 사라질 때 발생하는 부작용도 분명하다. 의사소통의 단절, 조직 문화의 붕괴, 직원들의 이탈 등이 그것이다. 따라서 중요한 질문은 "중간관리자가 필요 없는가?"가 아니다. "AI 시대에 중간관리자는 어떤 새로운 가치를 제공할 것인가?"다. 단순한 관리자에서 멘토와 코치로 진화하는 중간관리자만이, AI 시대에도 여전히 조직에서 중요한 자리를 차지할 수 있을 것이다.

4. 전 세대 슬로우 에이징 확산
: 맞춤형 초개인화, 바이오해킹

2030 세대는 더 이상 '리더가 되는 것'을 성공의 기준으로 삼지 않는다. 대신 건강과 삶의 질을 우선시한다. 이 변화는 의료 소비의 형태까지 바꾸고 있다. 과거에는 질병이 생기면 병원에 가서 치료하는 방식이 일반적이었다. 하지만 지금의 젊은 세대는 다르다. 이들은 '슬로우 에이징(Slow Aging)'을 중요한 목표로 삼는다. 즉, 단순히 병을 고치는 것이 아니라, 더 건강하게 더 천천히 나이 드는 방법을 찾는 것이다. 2030 세대는 예방적 의료 소비에 적극적이다. 건강검진을 정기적으로 받는 것은 물론이고, 평소 생활 속에서 혈당·혈압·수면 상태를 스스로 체크한다. 단순히 아플 때 병원을 찾는 것이 아니라, 질병이 생기지 않도록 미리 관리하는 것이다.

예를 들어, 20대 직장인 A씨는 하루에 세 번 스마트워치로 혈당을 측정한다. 점심에 탄수화물을 많이 먹으면 혈당이 얼마나 오르는지 바로 확인하고, 저녁에는 식단을 조절한다. 그는 "이렇게 하면 당뇨를 예방할 수 있다는 확신이 든다"고 말한다. 이런 행동은 단순한 습관이 아니라 '슬로우 에이징'을 위한 적극적 선택이다.

젊은 세대는 새로운 건강 관리법에도 적극적이다. 대표적인 것이 '바이오해킹(Biohacking)'이다. 이는 첨단 기술과 데이터를 활용해 자신의 몸을 최적화하는 방식을 말한다. 예를 들어, 일부 젊은 층은 특정 영양제를 조합해 먹으며, 뇌 기능을 향상시키는 '뉴트로픽스(nootropics)'를 시도한다.[19] 또 다른 이들은 앱을 활용해 수면의 질을 분석하고, 깊은 수면 시간을 늘리기 위해 조명을 조절하거나 자기 전 호흡법을 실천한다. 최근에는 20·30대가 냉·온 교체 샤워, 간헐적 단식, 고강도 인터벌 운동 같은 바이오해킹 방법을 일상에 도입하는 사례가 빠르게 늘고 있다.

즉, 슬로우 에이징과 바이오해킹의 핵심은 '초개인화(Ultra-personalization)'다. 과거에는 모든 사람에게 똑같이 권고되는 건강 관리법이 있었다. 그러나 이제는 개인별 데이터에 맞춰 완전히 다른 처방이 이루어진다. 스마트워치와 같은 웨어러블 기기는 혈당, 심박수, 수면 패턴을 실시간으로 기록한다. 이 데이터는 개인 맞춤형 헬스케어 앱과 연결된다. 예를 들어, 운동량이 부족하면 알림을 주고, 혈당이 오르면 식단을 조정할 수 있는 방법을 추천한다. 2024년부터는 한국에서도 AI 기반 건강 관리 앱이 빠르게 성장했다. 어떤 앱은 사용자의 유전자 검사 결과를 기반으로 맞춤형 식단을 제공한다. 또 다른 앱은 스트레스

지수를 실시간으로 측정해 명상이나 휴식을 권장한다.

이런 흐름은 의료기관과 기업에도 큰 변화를 요구한다. 병원은 단순히 질병을 치료하는 곳에서 벗어나, 개인 맞춤형 건강 관리 플랫폼으로 변신하고 있다. 예를 들어, 일부 병원은 환자의 생활 데이터를 수집해 'AI 디지털 처방'을 내놓고 있다. 환자가 평소 어떤 식습관과 운동 습관을 갖고 있는지 분석해 맞춤형 치료와 관리법을 제공하는 것이다. 기업들도 발 빠르게 움직이고 있다. 글로벌 IT 기업들은 이미 스마트워치, 스마트링 같은 웨어러블 기기를 통해 헬스케어 시장을 확대하고 있다. 제약사와 식품업체도 개인 맞춤 영양제, 기능성 식품 개발에 박차를 가하고 있다.

슬로우 에이징은 비단 2030 세대만의 트렌드는 아니다. 중장년층도 빠르게 이 흐름에 합류하고 있다. 다만 접근 방식이 다르다. 50·60대는 정기 검진과 의사 처방을 기반으로 건강 관리를 중시한다. 반면 2030 세대는 스스로 데이터를 기록하고 관리하는 데 익숙하다. 결국, 세대별로 다른 방식으로 슬로우 에이징을 추구하지만, 목표는 같다. 더 오래, 더 건강하게 사는 것이다.

2030 세대의 리더 기피와 워라밸 중시는 단순한 직장 문화

의 변화가 아니다. 그것은 건강 관리 방식과 의료 소비까지 바꾸고 있다. 이들은 슬로우 에이징을 위해 바이오해킹을 일상에 도입하고, 초개인화된 의료 소비를 선택한다. 앞으로 의료기관과 기업은 이 흐름에 맞춰 더 정교한 맞춤형 헬스케어 서비스를 제공해야 한다. 리더를 포기한 세대가 대신 선택한 것은 바로 자기 몸과 삶에 대한 철저한 관리였다. 그리고 그 선택은 의료 소비의 판도를 바꾸고 있다.

어떻게 리더가 되고 싶은 환경을 만들 것인가?

리더포비아 현상을 이해하려면 이 세대가 자라온 사회적 맥락을 봐야 한다. 부모 세대가 직장에서 겪은 권위주의, 책임 회피, 불평등한 승진 구조는 고스란히 자녀 세대의 기억 속에 남았다. 학교와 사회에서도 비슷했다. 학생들에게 모범을 보여주는 교사나 지도자보다, 체벌과 권위를 앞세우던 인물이 더 많았다. 청년 세대는 '따를 만한 어른'을 거의 경험하지 못했다. 그 결과, 이제 그들이 리더가 될 나이가 되었을 때 오히려 스스로 리더 자리를 거부하게 된 것이다. 리더 자리를 상상하면 기대보다 두려움이 먼저 떠오른다. "내가 리더가 되면 저들처럼 보일까? 내가 받았던 불신을 또 다른 후배들에게 줄까?"라는 불안이 리더포비아를 강화한다.

조직은 여전히 리더십을 필요로 하지만, 개인은 그 자리를 외면한다. 이 괴리가 깊어질수록 리더 자리는 더욱 공허해지고, 조직 내 의사결정은 약화될 수 있다. 그래서 리더포비아는 '요즘 사람들'의 책임감 부재가 아닌, 리더라는 역할이 더 이상 매력적이지 않은 우리 사회와 조직의 구조적 실패를 반영한다. 리더를 '희생과 책임의 상징'으로만 남겨둔 채, 그에 합당한 권한과 보상, 심리적 지지를 제공하지 못한 결과일 수 있다. 이 현상이 위험한 이유는 '리더 부재의 악순환'을 낳을 수 있기 때문이다. 리더가 되려는 인재가 없으면 조직의 허리는 약해지고, 준비되지 않은 리더가 그 자리를 채우며 또다시 '나쁜 리더'의 경험을 대물림한다. AI가 광범위하게 일의 세계를 점령하고 있는 시대, 리더에 대한 질문은 바뀌어야 한다. "왜 리더가 되려 하지 않는가?"가 아니라 "어떻게 하면 리더가 되고 싶은 환경을 만들 것인가?"라고.

Chapter 7.
AI 우선주의
: 생산성 혁명과 인간 경쟁력 재발견

AI 퍼스트, 업무 루틴 혁신, AI 의존성 심화,
효율이 만든 속도 압박, 인간 경쟁력의 귀환,
AI발 직무 전환, AI 적응성, 속도와 맥락적 사고

이제, 'AI 스마트워크'는 디폴트 옵션

2015년 11월 늦가을, 서울 강남구 역삼동. 창밖에는 차가운 바람이 불었지만 건물 안은 묘한 긴장과 기대가 가득했다. 정부와 민간기업이 함께하는 제3회 워크 스마트 포럼(Work Smart Forum)이 열리고 있었던 것이다. 주제는 '조직 성공의 열쇠는 협업(Collaboration)'.[1] 첫 번째 무대에 오른 사람은 마이크로소프트의 박상현 부장이었다. 그는 '스마트워크'를 넘어선 새로운 개념, 프리스타일 워크플레이스를 소개했다. "협업은 직원이 자연스럽고 편하게 일할 수 있는 환경을 만드는 것입니다." 목소리는 단호했고 내용은 설득력 있었다. 그는 협업 도구 '야머(Yammer)'

의 사례를 들었다. 본사 중심의 경직된 문화에서 벗어나, 현장 직원이 직접 목소리를 낼 수 있게 된 것이다. 그 결과, 콜 센터 직원의 아이디어에서 탄생한 것이 바로 스팸 차단 솔루션 '후후(Who-Who)'였다. 메시지는 분명했다. "개방적 소통이 곧 혁신을 만든다."

두 번째 발표자는 콜라비팀의 조용상 대표였다. 그는 청중에게 차분히 물었다. "카카오톡 알람이 울릴 때마다 집중력이 무너지지 않습니까?" 그는 실시간 대화(Real-time Communication) 대신, 비실시간 대화(Non Real-time Communication)의 가치를 강조했다. 협업이란 결국 상대방뿐 아니라 나의 시간을 존중하는 것이라는 뜻이다. 그는 이렇게 말했다. "집중 상태에 들어가는 데는 평균 15분이 걸립니다. 하지만 단 한 번의 알람으로 그 시간이 무너집니다." 효율적인 협업이란 곧 방해받지 않는 연속성이라는 주장이었다. 청중은 고개를 끄덕인다.

세 번째 발표자는 토스랩의 김대현 이사. 그는 이메일의 한계를 정조준했다. "이메일은 그룹 커뮤니케이션에 비효율적입니다. 파일 공유는 불편하고, 제목과 수신자는 길어집니다. 아무리 빨라야 한 시간에 다섯 번 이상 오가기가 어렵습니다." 그가 제시한 해법은 업무용 메신저 '잔디(JANDI)'였다. 업무와 사생활을 구분하고, 효율성과 실시간성을 동시에 충족하는 도구였다. 코트라(KOTRA)와 티몬은 실제 사례로 등장했다. 도입 후 메일이 80% 줄고, 정기 회의는 25%나 감소했다. 그의 결론은 간명했다. "Simple, Productive, Fun." 그의 말은 단순하지만 힘이 있었다.[2]

그로부터 10년. 2025년 현재, 당시 발표자들이 강조했던 세 가지 요소, 협업으로 아이디어 도출, 집중 시간 확보, 이메일 효율화는 이제 모두 AI로 가능하다. AI는 알림을 자동으로 통제하고, 이메일을 요약·정리한다. 복수의 AI를 동시에 활용하면, 생산성은 과거보다 수십, 수백 배 높아진다. 내 PC와 스마트폰에 연결된 AI는 불필요한 방해를 차단하고, 내게 필요한 정보만 정리해 전달한다.

스마트워크가 기본으로 장착된 현재. 스마트워크에 관한 많은 과제는 "AI를 어떻게 조율하고 활용할 것인가?"라는 하나의 질문으로 남았다.

AI 우선주의,
직장 문화의 대변혁

2022년 말 챗GPT-3.5가 일반에 공개된 지 불과 3년 남짓, 한국의 직장 문화는 이미 완전히 바뀌었다. 그 중심에는 MZ세대 직장인들이 있다. 이들은 디지털 환경에서 성장한 세대답게 새로운 기술을 받아들이는 속도가 압도적으로 빠르다.

2024년 8월 발표된 조사 결과는 이를 잘 보여준다.[3] 삼성전자가 한국, 미국, 영국, 프랑스, 독일 등 5개국 직장인을 대상으로 한 조사다. 챗GPT가 공개된 지 2년이 채 안 되는 기간이었지만, 18세에서 27세 사이의 젊은 직장인 10명 중 8명(80%)이 업무가 막히면 상사나 동료보다 AI를 먼저 찾는다고 답했다. 이는 단순한 선택이 아니라 '업무 습관의 전환'을 의미한다. 미국(56%), 영국(59%), 독일(61%), 프랑스(55%)와 비교하면 최소 20%p 이상 높은 수치로, 한국이 얼마나 앞서 있는지를 보여준다. 이들에게 AI는 더 이상 '있으면 좋은 도구'가 아니라, '우선적으로 고려하는 기본 도구'가 된 것이다. 생성형 AI가 과거에 엑셀이나 파워포인트처럼 다뤄지고 있다.

이들의 적응력은 실무 현장에서 뚜렷하게 드러난다. 이제 스타트업 마케터는 새로운 캠페인을 기획할 때 예전처럼 팀원들과 긴 시간 회의하지 않는다. 대신 챗GPT에 "2030 세대가 좋아할 위트 있는 카피 30개를 제안해 줘"라고 입력한다. 몇 초 만에 결과가 나오고, 그는 그중 다섯 개를 선택해 살짝 다듬은 뒤 캔바(Canva)로 바로 시안을 만든다. 과거 하루 이상 걸리던 과정이 이제는 1시간 안에 끝난다.

비슷한 모습은 언론사에서도 나타난다. 신입 기자는 취재 후 초안을 작성하기 전, AI에게 "이 주제에 대한 기사 구조를 짜 줘" 하고 요청한다. AI가 제안한 목차와 논리 흐름을 바탕으로 자신만의 문장을 덧붙이면, 기사 완성 시간이 절반 이하로 줄어든다. 기자는 "AI를 쓰면 글의 초안이 훨씬 빠르게 나와서 취재와 분석에 더 집중할 수 있다"라고 말한다.

한국의 젊은 직장인들은 AI를 단순한 참고 도구가 아니라 '업무의 시작점'으로 삼고 있다. 이 변화는 과거의 오피스 소프트웨어(엑셀, 파워포인트)가 '기본 역량'이 되었던 것과 유사하지만, 속도와 범위 면에서 훨씬 더 강력하다.

K-직장인들의
압도적인 'AI 집중 활용력'

우리나라의 직장인들은 AI를 단순히 '경험'하는 수준을 넘어 '집중적으로 활용'하는 점에서 세계적으로 독보적이다. 2025년 8월 한국은행의 조사에 따르면,[4] 업무 목적으로 AI를 활용하는 비율은 한국이 51.8%로, 미국(26.5%)의 두 배에 달했다.[5] 업무 외적인 영역에서도 한국은 60.1%로, 미국(33.7%)을 크게 웃돌았다.[6]

더 눈길을 끄는 것은 사용의 '집중적 사용' 비율이다. 한국 직장인들은 AI를 '열심히' 사용하는 것을 넘어 '푹 빠져서' 사용한다. 직장인의 78.6%가 하루 1시간 이상 AI를 사용하는 '헤비 유저'였으며, 미국은 31.8%에 불과했다. 심지어 한국 직장인의 90.2%는 하루 60분 이상 AI에 온전히 몰입한다고 답했다.[7] 단순히 몇 번 검색하는 수준이 아니라, 아예 업무 프로세스를 AI 중심으로 재편하고 있다는 의미다.

이 사실은 현장의 사례로 더욱 생생해진다. IT 기업 직원은 출근 즉시 AI 툴을 켜서 밤새 도착한 메일을 요약하고, 오늘의 업무 우선순위를 정리한다. 보고서 초안까지 AI가 잡아주니 오전 10시가 되면 하루 업무의 절반이 끝난다. 그는 "AI 없던 시절로는 절대 돌아가고 싶지 않다"고 말한다.

금융권 직원은 고객 상담 내용을 AI로 요약해 CRM 시스템에 자동 입력한다. 과거엔 퇴근 후 남아 입력하던 업무가 이제는 30분 만에 끝난다. 남는 시간은 고객 맞춤형 제안서를 만드는 데 투입된다. 교육 업계에서도 교수와 강사들이 AI를 강의 자료 준비에 활용한다. 예전에는 참고 문헌을 일일이 검토해야 했지만, 이제는 AI에게 요약과 비교 분석을 요청해 더 빠르게 강의안을 제작한다.

해외와 비교해 보면, 한국 직장인의 몰입도는 '문화적 특성'과도 연결된다. 한국 사회는 속도를 중시하는 경향이 강하다. '빨리빨리' 문화가 디지털과 결합하면서, 새로운 기술이 등장하면 가장 먼저 시도하고, 일상에 빠르게 안착시킨다. AI 역시 예외가 아니다.

대한민국 직장인, 특히 MZ세대는 AI를 '업무 보조 도구'로 보지 않는다. 이미 '업무 인프라'로 받아들이고 있으며, 업무를 시작할 때 가장 먼저 켜는 툴이 되었다. 이들의 빠른 적응력과 집중적 활용은 단순한 기술 트렌드를 넘어, 업무 문화 자체를 다시 쓰는 거대한 변화다. 앞으로도 대한민국은 AI 활용의 최전선에서 있을 가능성이 크다. K-직장인들은 뭐든 빠르다.

단순 반복을 넘어
창의적 기획 확장까지

처음에 사람들은 AI를 단순히 '똑똑한 검색엔진'처럼 사용했다. 궁금한 내용을 물어보거나, 긴 글을 짧게 요약해 주는 수준이었다. 하지만 불과 1년 사이에 활용 범위는 훨씬 넓어졌다. 한국은행의 조사에 따르면, 여전히 직장인들이 가장 많이 활용하는 영역은 정보 검색과 요약(62.2%), 문서 작성(38.6%)이다. 그런데 눈에 띄는 점은 '창의적인 작업에 활용한다'는 사람들이 4명 중 1명(24%)에 달한다는 사실이다.[8]

예를 들어, 한 광고 기획자는 새로운 캠페인을 준비할 때 과거처럼 홀로 머리를 싸매고 고민하지 않는다. 대신 AI에게 "2030 세대가 좋아할 유머러스한 카피 10개, MZ 감성으로 제안해 줘"라고 요청한다. AI가 뽑아준 초안 가운데 괜찮은 몇 개를 골라서 살짝 다듬으면, 예전보다 훨씬 빠르게 다양한 아이디어가 나온다. 아이디어의 '폭과 깊이'가 동시에 넓어진 셈이다.

비슷한 사례는 출판업계에서도 볼 수 있다. 한 편집자는 원고를 검토할 때 AI에게 "책의 핵심 메시지를 5가지로 요약해줘"라고 요청한다. 요약된 결과를 보고 저자의 글과 비교하면서 편집 방향을 잡는다. 이 과정에서 단순 교정 이상의 '창의적 기획'이 가능해진다.

2025년 5월 나우앤서베이 조사에서도 같은 흐름이 확인된다.[9] 직장인들은 AI를 번역(37.3%), 데이터 분석(32.5%)에 많이 사용하고 있었고, 심지어 아이디어 브레인스토밍(18.8%)에도 적극적으로 활용하고 있었다. 무엇보다 중요한 사실은, 무려 92.6%의 직장인이 AI 덕분에 생산성 향상을 체감한다고 답했다는 점이다. "예전에는 하루 종일 걸리던 작업을 이제는 반나절 만에 끝낸다"라는 말이 과장이 아닌 셈이다.

효율성의 그림자: 속도의 압박

하지만 AI가 가져온 생산성 혁신은, 기존에는 예상하지 못했던 또 다른 문제를 만들 가능성도 내포하고 있다. 바로 '속도의 압박'이다. 나우앤서베이 조사에서 직장인들이 꼽은 가장 큰 스

트레스 원인은 "변화의 속도에 대한 압박"(37.4%)이었다.[10]

 상황을 쉽게 설명해 보자. 예전에는 보고서를 쓰는 데 하루가 꼬박 걸렸다고 하자. 그런데 이제는 AI가 도와주니 2~3시간이면 초안이 완성된다. 문제는 상사도 이 사실을 안다는 것이다. 그러니 "그럼 두세 시간마다 초안을 보여 달라"라는 새로운 요구가 생긴다. 결과적으로 '빨라진 만큼 더 자주 보고해야 하는' 압박이 직장인들을 괴롭히는 것이다.

 한 마케팅 회사의 직원은 이렇게 토로한다. "예전에는 일주일 짜리 프로젝트 보고서를 준비하는 데 3~4일은 주어졌어요. 그런데 지금은 AI 덕분에 초안이 금방 나오니, 팀장이 이틀 만에 결과물을 요구합니다. 오히려 쉴 틈이 줄었어요." 또 다른 IT 기업 직원은 "업무 속도는 빨라졌지만, 새로운 아이디어를 고민할 시간은 오히려 줄었다"고 한다. AI가 생산성을 끌어올렸지만, 그 속도에 맞춰야 한다는 심리적 부담이 더 커진 것이다. 결국 '효율성의 역설'이 생겨난다. AI가 일을 빠르게 해 주지만, 그 빠름이 오히려 스트레스 요인이 되어 돌아온다.

AI가 대체할 수 없는 것
: 소통, 협업 그리고 창의성

그렇다면 직장인들은 이런 상황 속에서 미래를 어떻게 바라볼까? 조사 결과를 보면,[11] AI로 인해 일자리가 위협받을 것이라는 불안감은 평균 5.9점(10점 만점)으로 적지 않았다. 하지만 동시에 AI가 새로운 기회를 줄 것이라는 기대감은 7.1점으로 더 높았다. 즉, 불안과 기대가 공존하지만, 기대 쪽이 더 크다는 의미다. 실제로 많은 직장인들은 이렇게 말한다. "AI가 내 일을 일부 대체할 수도 있지만, 잘만 활용하면 더 창의적인 결과를 낼 수 있다." "AI가 반복 작업을 줄여줘서 오히려 새로운 기회를 얻는다."

흥미로운 점은 직장인들이 꼽은 가장 중요한 역량이 AI 활용 능력(34.3%, 3순위)이 아니었다는 것이다. 2순위는 소통과 협업 능력(34.9%), 그리고 1순위는 창의성과 혁신성(37.1%)이었다. AI 툴을 잘 다루는 능력도 필요하지만, 결국 중요한 건 그걸 바탕으로 사람들과 협력해서 새로운 가치를 만드는 능력이 더 중요하다는 뜻이다. 기술은 누구나 배울 수 있지만, 창의성과 소통 능력은 쉽게 대체되지 않기 때문일 것이다.

즉, 현재의 직장인들은 AI가 단순 반복 업무를 대신하면서, 인간은 이제 '인간다운 일'에 집중해야 하는 시대가 왔음을 직관적으로 이해하고 있는 듯하다. 기계가 대체할 수 없는 것, 그것이 바로 소통, 협업, 그리고 창의성이다.

AI는 업무 속도를 크게 높이고, 직장인들의 일하는 방식을 완전히 바꿔 놓고 있다. 문제는 이 속도가 지나치게 빠르다는 것이다. 속도가 높아질수록 '더 빠른 결과'를 요구하는 압박도 동시에 커졌다. 생산성과 스트레스가 함께 상승하는 아이러니한 시대다.

이 속에서 진짜 필요한 능력은 단순히 AI를 다루는 기술이 아니다. 사람과 소통하고, 협력하며, 새로운 것을 창조하는 능력일 수 있다. 결국 AI 시대의 경쟁력은 '인간적인 능력'에서 나온다. 현재 직장인들은 AI가 단순 반복 업무를 대신해 주면서, 인간은 이제 '인간다운 일'에 더 집중해야 하는 시대라는 것을 'AI와 동행하면서' 경험적으로 체감하고 있는 것 같다. 기계가 할 수 없는 소통, 협업, 그리고 새로운 것을 만들어내는 창의성. 이 세 가지가 AI 시대 직장인들의 진짜 경쟁력이 되리라는 것을 말이다.

결핍 추적자의 전망 4

AI는 지금 대한민국 직장인들의 업무 방식을 빠르게, 그리고 깊게 바꾸고 있다. 단순히 편리한 툴이 아니라, 업무 문화 자체를 근본적으로 흔드는 혁신의 중심에 서 있다. 과거에는 새로운 기술이 등장해도 적용까지 시간이 오래 걸렸지만, AI는 달랐다. 불과 몇 년 만에 직장인들의 일상 속에 깊숙이 스며들었다. 지금까지 직장 생활의 핵심 가치는 '얼마나 빨리, 얼마나 효율적으로 일하느냐'였다. 하지만 AI의 등장은 이 질서를 바꿔 놓았다. 반복적이고 시간이 오래 걸리는 단순 업무는 AI가 대신해 주고 있기 때문이다.

보고서를 작성할 때 과거에는 자료를 수집하고 정리하는 데만 상당한 기간이 걸렸다. 하지만 이제는 AI에게 "최근 1년간 한국의 온라인 쇼핑 트렌드 요약+시사점 정리"라고 입력하면 불과 몇 분 만에 뼈대가 완성된다. 직장인은 이 초안을 바탕으로 더 깊은 분석과 인사이트를 덧붙인다. 덕분에 단순히 빨리 끝내는 경쟁이 아니라, 어떻게 더 독창적인 결과물을 만들 것인가가 새로운 기준이 된다.

광고업계도 마찬가지다. 한 기획자는 과거처럼 팀 전체가 모여 하루 종일 브레인스토밍을 하지 않는다. 대신 AI에게 카피를 요청하고, AI가 제시한 다양한 문구는 아이디어의 재료가 되며, 기획자는 그중 몇 개를 골라 다듬는다. 결과물은 더 창의적이고, 과정은 훨씬 빠르다.

AI는 협업 방식도 바꿔 놓고 있다. 예전에는 팀원 모두가 모여 아이디어를 쏟아내고, 각자 맡은 부분을 나누어 작성했다. 하지만 이제는 AI가 1차 초안 작성자가 된다. 팀원들은 그 초안을 함께 검토하며 수정·보완하는 방식으로 협업한다. AI가 뽑아준 50개의 카피를 팀원들이 나눠 검토하고, 좋은 것만 골라 수정한다. 한 시간 만에 결과물이 나온다. 팀원들은 "AI가 협업 과정의 '기초 설계자' 역할을 한다"고 말했다.

AI 시대의 핵심은 단순히 AI를 잘 쓰는 능력이 아니다. 진짜 중요한 건 스스로 문제를 정의하고, 어떤 결과물이 필요한지 판단할 수 있는 '메타인지 능력'이다. 예를 들어, 한 금융사 직원이 "이번 분기 실적을 요약해 달라"라고만 AI에 요청한다고 하자. 그러면 AI는 단순한 표와 숫자를 보여줄 뿐이다. 하지만 같은 직원이 "이번 분기 실적을 20대 고객층의 소비 패턴과 연결해 분석해 달라" 하고 요청하면, 훨씬 깊은 결과물이 나온다. 즉, 요청을 어떻게 하느냐에 따라 결과물의 질이 달라진다.

컨설팅사의 사례도 있다. 신입 컨설턴트들이 AI로 자료를 요약하고 경쟁사 분석을 자동화했지만, 고객에게 채택된 보고서는 결국 고객사의 문제를 새롭게 정의해 준 팀의 보고서였다. 단순한 데이터 나열이 아니라, 문제를 다른 각도에서 바라보는 능력이 승부를 가른 것이다.

AI 시대의 직장인은 단순히 결과물을 빠르게 내는 데 그치지 않고, 자신의 사고방식과 결과물을 끊임없이 점검하는 습관을 길러야 한다. 예를 들어, 한 연구원은 논문 초안을 작성할 때 AI를 활용한다. 하지만 AI가 제시한 문장을 그대로 쓰지 않는다. 오히려 "내가 왜 이 문장을 선택했는지"를 스스로 되묻는다. 이 과정을 통해 자신이 놓친 관점을 발견하고, 결과물의 수준을 한 단계 높인다. 이처럼 자기 객관화, 즉 메타인지적 사고는 단순한 효율성을 넘어 전문성의 깊이와 차별화된 통찰을 만들어 준다. 앞으로의 직장생활에서 이 능력은 점점 더 중요한 기준이 될 것이다.

AI는 단순히 효율성을 높이는 도구가 아니라, 한국 직장인의 업무 방식을 빠르고, 깊게, 근본적으로 바꾸고 있다. 이제 직장인들은 단순 반복 업무에서 벗어나 창의성과 협업에 더 집중할 수 있게 되었고, 동시에 자기 객관화와 문제 정의 능력이라는 새로운 과제를 안게 되었다. 결국 AI 시대에 중요한 것은 'AI를 얼마나 자주 쓰느냐'가 아니다. 무엇을 문제로 정의하고, 어떤 결과물을 목표로 삼느냐에 달려 있다. 바로 이것이 직장인들에게 요구되는 메타인지 역량이며, 앞으로의 직장생활을 결정짓는 핵심이 될 것이다.

1. AI 퍼스트
: 업무 루틴 혁신, AI 의존성 심화

한국 직장인들에게 AI는 이제 단순히 편리한 보조 도구가 아니다. 업무를 시작하고 마무리하는 모든 과정에 걸쳐, AI는 기본 장비이자 필수 루틴으로 자리 잡고 있다. 특히 MZ세대 직장인들은 막히는 순간에 동료나 상사에게 도움을 요청하기보다, 가장 먼저 AI를 열어 문제 해결을 시도한다. 이들에게 AI는 업무의 곁가지가 아니라 '출발점이자 첫 단계'다.

아침 9시 책상에 앉자마자 AI에게 오늘 받은 메일 요약과 오늘의 업무 우선순위 정리를 요청한다. AI는 몇 분 만에 수십 통의 메일 내용을 정리하고, 중요한 일정까지 캘린더에 반영한다. 덕분에 그는 회의 준비나 보고서 작성 같은 '진짜 중요한 일'에 곧바로 집중할 수 있다.

AI는 업무의 시작뿐만 아니라 마무리 단계에서도 활용된다. 예를 들어, 한 교육업계 강사는 수업 후 학생들의 토론 내용을 AI로 정리해 학습 포인트를 요약한다. 덕분에 각 학생별 개별 피드백을 더 빠르고 정교하게 제공할 수 있다. 업무의 마지막 단계까지 AI가 개입하면서, 직장인의 하루는 시작과 끝 모두 AI와 함께하는 흐름으로 재편되고 있다.

이 변화는 단순히 개별 직장인의 습관에서 그치지 않는다. 조직 차원의 업무 구조와 속도까지 바꾸고 있다. 예전에는 팀원들이 자료를 모으고 초안을 만들기 위해 며칠이 필요했다. 지금은 AI가 1차 초안을 만들어 주고, 팀원들은 검토와 보완에 집중한다. 아이디어 회의가 AI가 뽑아낸 초안을 중심으로 진행되면서, 회의 시간은 줄고 산출물의 다양성은 늘어났다. 과거에는 전문 인력이 몇 주간 분석하던 작업을, 이제는 AI가 몇 시간 안에 처리해 준다.

앞선 2025년 8월 한국은행 조사에 따르면, 업무 목적으로 AI를 활용하는 비율은 한국이 51.8%로, 미국(26.5%)보다 거의 두 배에 달했다. 이는 단순한 '사용률 차이'가 아니라, 한국 직장 문화 전체가 AI를 전제로 재편되고 있음을 보여준다.

지금 한국의 직장인들은 이메일 확인, 회의 자료 요약, 일정 관리조차도 AI로 자동화하는 것이 자연스러운 풍경이 되었다. 업무의 시작부터 끝까지, AI가 업무 루틴의 표준이 된 것이다. 결국 AI는 단순히 효율성을 높여 주는 데 그치지 않는다. '일하는 방식 자체를 다시 쓰게 만드는 시대적 변곡점'으로 작용하고 있다. 지금 직장인들은 AI 없던 시절로 돌아가는 것을 상상하기 힘들 정도다. 그리고 이 변화는 앞으로 더 빠르게, 더 깊게 확산될 가능성이 크다.

2. AI 생산성의 역설
 : 효율이 만든 속도 압박, AI 시대 직장인의 딜레마

AI는 직장인들의 생산성을 눈에 띄게 끌어올렸다. 보고서 작성, 아이디어 발상, 번역, 데이터 분석 등 과거에는 많은 시간이 필요했던 작업들이 이제는 몇 분, 심지어 몇 초 만에 완성되기도 한다. 실제로 한 조사에서는 직장인 92.6%가 AI 덕분에 생산성 향상을 체감한다고 답했다.[12] 하지만 빛이 강해지면 그림자도 짙어진다. AI가 만들어낸 새로운 그림자는 바로 '속도의 압박'이다. 보고서 작성 시간이 줄자 관리자는 "그렇다면 더 자주, 더 많이"라는 요구를 하기 시작했다. 예전에는 하루 종일 걸리던 보고서 한 건이 이제는 반나절 만에 끝나자, 상사는 오

히려 하루에 두 건을 요구한다. 효율성이 높아진 만큼, 그 효율성이 곧 직장인의 부담으로 돌아오는 것이다.

아이디어 기획 과정도 비슷하다. 과거에는 일주일 이상 걸리던 브레인스토밍과 기획안 작성이 이제 하루 만에 가능해졌다. 하지만 그 결과 기획자들은 더 빠른 피드백, 더 많은 대안을 동시에 준비해야 하는 압박에 시달린다. 예전보다 성과는 빨라졌지만, 그만큼 숨 돌릴 틈은 줄어들었다.

이러한 흐름은 앞선 조사에서도 뚜렷하게 드러난다. 직장인들이 꼽은 AI 관련 스트레스 1순위는 '변화 속도에 대한 압박'(37.4%)이었다. 불과 2024년까지만 해도 주요 요인으로 거론되지 않던 항목이, 단 1년 만에 최상위 스트레스 요인으로 떠오른 것이다. 이는 AI 활용이 일부 선도 사용자만의 영역을 넘어, 조직 전체의 새로운 업무 기준으로 자리 잡았음을 의미한다. AI는 개인의 생산성을 높여주었지만, 동시에 조직의 기대치도 끌어올려 생산성의 역설(Productivity Paradox)을 낳고 있다.

중요한 점은, 이러한 압박이 단순히 속도 차원의 문제가 아니라 직장인의 심리적 피로도와 업무 만족도를 떨어뜨릴 수 있다는 것이다. 효율성이 높아진 만큼 더 많은 업무가 주어지고, 속도는 점점 더 빨라지며, 그 결과 직장인은 '생산성의 무한 경주'에 내몰리게 된다. 결국 AI의 도입은 '효율성 제고'라는 긍정적 효과와 동시에, '속도의 압박'이라는 부정적 그림자를 함께 드리우고 있는 셈이다.

앞으로 AI 활용이 더 보편화될수록 이러한 현상은 심화될 가능성이 크다. 보고서, 기획안, 분석 자료 등 모든 업무가 AI를 통해 단축되는 만큼, 결과물을 더 자주 더 많이 요구하는 문화가 고착화 될 수 있기 때문이다. 따라서 AI 시대의 직장생활은 단순히 생산성 향상이라는 긍정적 효과와 함께, 속도의 압박을 어떻게 조율하고 관리할 것인지라는 새로운 과제를 동시에 안고 가야 한다.

3. 인간 경쟁력의 귀환, 창의성과 협업의 시대
  : AI발 직무 전환, 일자리 위협, 직무의 재정의

AI가 단순 반복 업무를 대신할 수 있다는 사실은 이제 추상적인 논의가 아니라, 한국 직장인들이 매일 체감하는 구체적 경험이 되었다. 과거에는 "언젠가 AI가 단순 업무를 대체할 것"이라는 전망에 머물렀지만, 지금은 보고서 요약, 번역, 데이터 정리, 문서 편집 같은 업무가 실제로 AI에게 넘어가고 있다. 직장인들이 실감하는 변화는 분명하다. AI가 잘하는 일과 인간이 잘하는 일이 점점 뚜렷하게 구분되고 있는 것이다. 검색, 요약, 문서 작성과 같은 단순 반복은 AI의 영역으로 넘어갔지만, 새로운 아이디어를 연결하고 창의적인 성과를 내는 일, 사람과 직접 대화하며 협력해야 하는 일은 여전히 인간만이 할 수 있는 몫으로 남았다.

앞선 조사 결과에서도 이 흐름은 확인된다. 직장인들은 단순히 AI를 다루는 능력보다 인간 특유의 능력인 '창의성'(37.1%)과 '소통·협업 능력'(34.9%)을 더 중요한 역량으로 꼽았다. 이는 이미 많은 직장인들이 경험적으로 'AI가 못하는 것'과 '인간이 잘하는 것'을 비교적 명확히 구분하고 있음을 보여준다. 곧, 앞으로의 경쟁력이 기술적 숙련이 아니라, '인간다움'에 있다는 집단적 학습이 이뤄지고 있는 셈이다.

이 변화는 직무 현장에서 선명하게 나타난다. 광고 기획자는 과거에는 기획자가 홀로 아이디어를 짜내야 했다. 그러나 지금은 AI가 수십 개의 광고 문구를 초안으로 제시하고, 기획자는 그 결과물을 팀과 함께 검토하며 새로운 메시지를 만들어낸다. 혼자 고민하는 시간이 줄고, 함께 다듬는 시간이 늘어난 것이다. 그 결과, 더 짧은 시간 안에 더 풍부한 결과물이 나온다. 출판 기획사들도 AI를 활용한다. 원고를 검토하면서 핵심 메시지

5가지를 요약해 달라고 AI에 요청하고, 이를 바탕으로 저자와 새로운 방향을 논의한다. 교정 업무에 머물던 편집자의 역할이 저자와 함께 가치를 창출하는 창의적 협업자로 바뀌고 있는 것이다. 대기업 HR팀 역시 직원 설문 결과를 AI로 분석해 핵심 과제를 도출한다. 이전에는 수천 개의 응답을 정리하는 데 몇 주가 걸렸지만, AI가 요약을 맡으면서 며칠이면 충분하다. 이제 회의는 데이터 정리에 시간을 쓰는 대신, 문제 해결과 소통에 집중하게 된다.

AI의 도입은 단순히 효율성 향상에 머물지 않고, 직무의 성격과 경력 경로를 근본적으로 재편하고 있다. 과거 번역가는 문장을 옮기는 작업이 중심이었다. 지금은 AI가 초벌 번역을 담당하고, 인간 번역가는 'AI 번역 품질 검수자', '문화적 맥락 해석자', '의도와 뉘앙스 조정자'로 역할이 재정의되고 있다. 단순 노동의 자리는 줄었지만, 오히려 더 높은 수준의 전문성을 요구하는 새로운 직무가 생겨났다. 대형 로펌에서는 AI가 계약서 초안을 자동으로 생성한다. 이제 주니어 변호사는 조항 하나하나를 직접 타이핑하기보다, 위험 요소를 검토하고 새로운 해석을 제시하는 '전략적 검토자'로 성장한다. 언론사 기자는 AI로 기초 기사 틀을 작성한 뒤, 현장에서 취재한 맥락과 감각적인 문장을 덧붙인다. 편집자는 AI가 놓친 사회적 의미와 독자 반응을 고려해 기사를 완성한다. 이처럼 AI가 단순 업무를 대체하면 사람은 더 전략적이고 창의적인 역할을 맡게 되는 구조로 재편되고 있다.

이 과정은 기회와 불안이 동시에 공존한다. AI가 단순 업무를 줄여주면서 직장인은 더 가치 있는 일에 집중할 수 있게 되었다. 하지만 동시에 "내 일이 사라지는 것은 아닐까?" 하는 불안도 커졌다. 앞선 조사에서 직장인들은 AI가 일자리를 위협할 것이라는 불안감(평균 5.9점)을 느끼면서도, 새로운 기회를 줄 것이라는 기대감(7.1점)을 더 크게 평가했다. 이는 많은 사람들이 AI로 인해 직무의 성격은 바뀌지만, 그 속에서 새로운 기회가 열릴 수 있다고 인식하고 있음을 보여준다. 실제로 다양한 직군에서 AI가 기본적인 작업을 담당하고, 인간이 더 높은 수준의 전략과 협업을 수행하는 형태로 변화가 나타나고 있다. 이는 단순한 일자리 위협이 아니라, 경력 경로의 확장과 직무 재정의로 이어지고 있다. 결국 AI 시대의 직장생활은 단순 효율성을 넘어, 인간다운 능력의 가치를 재발견하는 과정으로 나아가고 있다. 창의성, 협업, 소통은 앞으로의 조직에서 가장 중요한 경쟁력이 될 것이다.

앞으로 직장인의 성과는 'AI를 얼마나 잘 다루는가'보다는, 'AI와 함께 인간만의 능력을 어떻게 결합시켜 새로운 가치를 만들어 내는가'에 의해 좌우될 가능성이 크다. 기계가 대신할 수 없는 영역에서 인간다움이 빛날 때, AI 시대의 직장인은 진정한 경쟁력을 발휘할 수 있다.

4. AI 적응성, 세대 간 강점
: 주니어의 빠른 적응력과 속도 vs. 시니어의 문제 정의와 맥락적 사고

AI가 일터에 본격적으로 자리 잡으면서, 세대별 강점은 점점 더 선명하게 드러나고 있다. 개인 역량이나 조직 상황에 따라 차이는 있겠지만, '평균적인 세대'라는 가정을 두고 보면 주니어와 시니어는 AI 시대에 서로 다른 경쟁력을 보여주고 있다.

1) 주니어 세대의 강점: 속도와 학습 민첩성

MZ세대와 신입급 직장인들은 디지털 네이티브답게 새로운 기술에 대한 거부감이 거의 없다. AI를 특별한 도구라기보다 검색엔진, 메신저, 노트 앱처럼 업무 기본 툴로 자연스럽게 받아들인다. 시행착오를 두려워하지 않고 빠르게 학습하는 학습 민첩성(learning agility)를 기반으로, AI 생태계에서 선두 사용자(early adopter) 역할을 한다.

앞선 조사에서도 18~27세 직장인의 80% 이상이 "막히면 동료보다 AI를 먼저 찾는다"고 응답했다. 신입 마케터가 새로운 캠페인 카피를 고민할 때도, 동료에게 조언을 구하기보다 곧장 AI에게 카피를 요청한다. AI가 던져준 아이디어 중 일부를 골라 빠르게 다듬어 시안을 만드는 것이다. 속도와 실험정신이 이들의 강력한 무기다.

2) 시니어 세대의 강점: 문제 정의와 맥락적 사고

반면 경력직·시니어 직장인들은 AI 활용 빈도나 속도에서는 주니어보다 뒤처질 수 있다. 그러나 맥락을 파악하고 결과물을 평가·감별하는 능력에서는 더 높은 경쟁력을 갖는다. 예를 들어, '거부 기능'이 없는 AI가 윤리적으로 문제적 대안을 낸다고 하면, 즉각적으로 그 상황에 대해 문제를 발견하고 맥락을 전환하는 경험이 이 세대는 상대적으로 많이 축적되어 있다. AI가 제시한 초안을 맹목적으로 받아들이지 않고, 산업 경험과 조직적 맥락에 비추어 '무엇을 선택하고 보완할 것인지' 판단하는 힘이 있는 것이다. 이때 시니어는 현장 경험을 바탕으로 문제를 발견하고 맥락을 전환한다. 산업 경험과 조직적 이해를 바탕으로 무엇을 선택하고 보완할지 판단하는 것이다. 이 과정은 단순 활용을 넘어 '판단과 맥락화'의 영역이다.

현장에서 한 시니어 마케터는 AI가 제시한 수십 개의 광고 카피 중 브랜드 톤, 타깃 심리, 고객사의 상황을 고려해 적절한 것만 추려낸다. 단순히 출력된 결과를 고르는 것이 아니라, 정무적 판단과 맥락적 해석을 통해 최종 산출물로 완성하는 것이다. 마치 AI가 던져준 재료를 요리사의 손길을 통해 완성 요리로 끌어올리는 과정과 같다.

단기적으로는 주니어가 빠른 도입과 빈번한 활용에서 앞선다. AI를 빠르게 쓰는 방법에선 이들의 민첩성이 강력하다. 그러나 중장기적으로는 시니어의 경험과 맥락적 사고가 더 안정적인 적응력을 제공할 가능성이 크다. 왜냐하면 AI 활용의 궁극적 가치는 속도 그 자체가 아니라, 결과물의 의미와 활용도, 상황적 적합성에 대한 가치 판단에서 나오기 때문이다. 이 변화는 단순히 '주니어가 유리한가, 시니어가 유리한가'의 문제가 아니다. 빠른 도구 활용 능력과 맥락을 읽는 판단 능력이 조화를 이룰 때 비로소 AI 활용의 진정한 효과가 발휘된다. 왜냐하면, AI 활용의 궁극적 가치는 '최종 결과물'에 대한 가치 판단

(중요도, 활용도, 상황적 맥락)이 들어갈 수밖에는 없는 것이기 때문이다. 조직도 이 두 가지를 어떻게 결합하느냐에 따라 성과가 달라질 것이다.

AI 시대에 중요한 것은 단순히 AI를 얼마나 잘 쓰느냐가 아니다. 더 본질적인 질문은 'AI와 함께 무엇을 새롭게 만들어 낼 수 있느냐'로 이동하고 있다. 이제 성과의 차이는 단순한 기술 숙련에서 비롯되지 않는다. AI에게 던지는 질문의 수준과 구체성, 그리고 맥락을 얼마나 정교하게 설명할 수 있는가에 따라 결과물은 완전히 달라진다. 따라서 진정한 경쟁력은 도구를 다루는 손끝의 기술이 아니라, 문제를 스스로 정의하고 의미 있는 방향으로 질문을 설계하는 사고력에서 나온다. 결국 AI와 함께 일하는 시대에 두각을 나타내는 사람은 단순히 답을 빨리 얻는 사람이 아니라, 더 좋은 답을 이끌어 낼 수 있는 질문을 던질 줄 아는 사람이다.

―――― 맺음말 ――――

침묵의 혁명 이후의 삶
: AI 일상화 시대를 살아가는 인간의 선택

2016년 3월, 알파고가 이세돌 9단을 꺾었을 때 한국 사회는 충격을 받았다. 장강명 작가는 《먼저 온 미래》에서 "그 패배는 인간이 기술에 완전히 패배했다는 뜻이 아니라, 인간이 스스로의 경쟁 방식을 다시 설계해야 한다는 신호였다"라고 썼다. 그날의 대국은 바둑계의 종말이 아니라, 새로운 바둑의 시작이었다. 인공지능과 함께 훈련하고, 함께 연구하는 '공진화(co-evolution)'의 시대가 열린 것이다. 그로부터 10년이 지난 지금, 우리는 그 바둑판 위의 사건이 단지 한 게임의 결과가 아니었음을 인다. 그것은 인간의 사고방식이 전환된 첫 번째 장면이었다. 바둑기사들이 인공지능을 스승으로 받아들이듯, 이제 우리는 AI를 일상과 노동, 관계와 감정의 영역 속에서 '함께 작동하는 존재'로 받아들이고 있다.

생성형 AI가 등장한 지 불과 3년, 인공지능은 더 이상 특별한 기술이 아니게 되었다. 한국 사회에는 순식간에 공기처럼 스며들었다. 출근길 지하철에서 듣는 뉴스의 큐레이션, 점심시간의 메뉴 추천, 아이의 진로 상담, 하루의 우선순위를 정리하는 일정표까지. 이미 우리의 일상 대부분은 AI가 제안한 선택지 위에 놓여 있다. 그러나 그 변화는 요란하지 않았고, 매우 사적(私的)인 형태로 급격하게 쌓이고 있다.

우리가 목격한 것은 '폭발적인 혁신'이 아니라 '침묵의 혁명'이었다. 기술은 스포트라이트를 받지 않았고, 대신 대중의 '결핍'을 파고들었다. 외로움, 불안, 불확실성, 관계의 피로. AI는 바로 그 틈에 들어왔다. 사람들은 어느새 그것을 삶의 도구가 아닌, 감정의 파트너로 받아들이고 있었다.

결국, AI의 확산은 기술의 문제가 아니라 '태도의 문제'였다. 기술결정론의 관점에서는 AI가 세상을 바꾼 것처럼 보이지만, 실상은 우리가 그것을 받아들였기 때문에 세상이 변했다. 소비자들은 효율을 위해 AI를 선택했지만, 그 선택의 밑바닥에는

'피로한 인간관계에서의 탈출'과 '더 정확한 나의 이해'라는 욕망이 숨어 있었다. 다시 말해, AI는 대중의 결핍을 정확하게 채워주는 도구였다.

AI가 인간의 감정을 모방하기 시작했을 때, 사람들은 처음엔 불편해했지만 곧 '예측 가능한 위로'를 배웠다. 인간에게는 감정의 불확실성이 존재하지만, AI는 늘 예측 가능한 방식으로 나를 받아준다. "괜찮다", "수고했다", "오늘은 쉬자". 이 짧은 문장들이 감정의 결핍을 채운다. 그렇게 AI는 인간의 결핍을 포착하고, 감정의 루프 속으로 들어왔다.

이제 우리는 새로운 질문 앞에 서 있다. "AI가 감정을 이해하는 시대에 인간은 무엇으로 인간다움을 유지할 것인가?" 이 질문은 단지 기술윤리나 철학의 문제가 아니다. 우리의 일, 관계, 소비, 그리고 자기인식의 방식이 모두 달라지고 있기 때문이다. 생산성의 효율을 넘어, 인간은 '맥락의 해석자'로 진화해야 한다. 데이터가 모든 답을 말해주더라도 여전히 인간만이 '왜'를 물을 수 있다. AI가 행동을 예측하지만, 인간만이 '의미'를 해석한다. 트렌드란 바로 그 의미를 읽는 기술이다. 기술이 아니라 태도, 도구가 아니라 해석이다.

AI와 인간의 관계는 단순한 '대체'가 아니다. 그것은 '공진화'

의 과정이다. 인간이 기술을 길들이고, 기술이 인간의 감정을 학습하며, 서로를 보완하는 방향으로 진화한다. 마치 알파고 이후의 바둑처럼, 인간은 더 이상 AI를 '경쟁자'가 아니라 '훈련 파트너'로 인식한다. AI는 인간의 능력을 위협하기보다, 확장시킨다.

그러나 이 확장은 선택의 폭을 넓히는 동시에, 책임의 범위도 넓힌다. 우리는 이제 "무엇을 할 수 있는가?"보다 "무엇을 해야 하는가?"를 물어야 한다. 인간의 결핍이 기술을 불러왔듯, 앞으로의 기술은 인간의 윤리적 결정을 시험할 것이다.

우리는 지금 'AI가 이미 일상화된 시대'를 살고 있다. AI는 나를 대신해 생각하고, 판단하며, 감정의 일부를 대신 느낀다. 그러나 그것이 완전한 위임은 아니다. 오히려 그 안에서 인간은 스스로의 경계를 다시 그려야 한다.

기술이 결핍을 채우는 순간, 인간은 다시 새로운 결핍을 만들어 낸다. 외로움이 AI를 불러왔고, 이제는 '너무 조용한 관계'가 새로운 결핍이 되고 있다. 기술이 연결을 확장할수록, 우리는 다시 '진짜 목소리'와 '진짜 온기'를 갈망한다. 결핍은 사라지지 않는다. 다만 형태를 바꿔가며, 다음 시대의 욕망을 준비한다.

이 책은 그 결핍의 지도를 기록한 한 시대의 일기다. 트렌드는 유행이 아니라, 결핍의 반사광이다. 그리고 지금, 그 반사광은 AI의 화면 속에서 새롭게 빛나고 있다. 우리가 희망을 이야기할 수 있다면, 그것은 기술이 아니라 인간에 대한 믿음 때문이다. 인간은 언제나 결핍 속에서도 의미를 찾고, 새로운 방향을 설계해 왔다. AI가 아무리 정교해져도, 그 방향을 선택하는 것은 결국 인간이다.

다음 시대의 트렌드는 바로 그 '선택의 방식'에서 태어날 것이다. 희망은 여전히 위험하지만, 우리는 그 위험을 감수하며 또 한 번의 미래를 설계하고 있다. 침묵의 혁명은 끝나지 않았다. 그것은 지금 이 문장을 읽고 있는 당신의 일상 속에서 계속되고 있다.

주

Chapter 0. 점, 운세 그리고 트렌드

1. 밤 12시 되면 트래픽 폭주…'운세'에 푹 빠진 MZ들, 왜(2025.04.20.), 중앙일보
2. Not Enough Doctors in Daegu: As Virus Cases Rise, South Korea's Response Is Criticized(대구 의사 부족 사태: 확진자 급증에 따른 한국 대응 비판)(2020.02.24.), The Wall Street Journal. How South Korea's Coronavirus Outbreak Got so Quickly out of Control(급속도로 통제력을 상실한 한국의 코로나 19 사태)(2020.02.24.), TIME
3. "한국, 굿 잡"…미국인들 뽑은 '코로나 대응 잘한 나라' 1위에(2020.05.21.), 동아일보
4. 美 4대 과기보좌관 "미국 코로나 방역 실패, 韓 외교 기회"(2020.11.11.), HelloDD.com
5. 코로나19: 사회적 거리 두기를 지키지 않는 친구 대처법(2020.06.13.), BBC Korea
6. 스웨덴 국왕 "코로나19 대응 실패"…'집단면역' 전략의 최후(2020.12.18.), 동아일보
7. 《2021 트렌드 모니터》, 최인수, 윤덕환, 채선애, 송으뜸(2020.10.), 시크릿하우스
8. 《2020 트렌드 모니터》, 최인수, 윤덕환, 채선애, 송으뜸(2019.10.), 시크릿하우스
9. 1세대 구글글래스 판매 중단…중도하차?(2015.01.16.), ZDNET Korea
10. "비전 프로 3분기 판매 75% 급락"…분기 판매량 10만 대에 그쳐(2024.07.12.), 매일경제
11. 《컬트가 되라》, 더글라스 홀트, 더글라스 카메론 저, 김정혜 역(2012.03.), 지식노마드
12. 《29인의 미래학자가 말하는 다가오는 미래》, 제임스 데이터 저, 우태정 역(2008. 01), 예문, p. 7~9
13. 《일상적이지만 절대적인 뇌과학지식 50》, 모헤브 콘스탄디 저, 박인용 역(2016.03.), 반니, 전자책(e-book) 15장. 기억 (재)응고.
14. 영문 위키피디아에서 인용, https://en.wikipedia.org/wiki/Abraham_Maslow
15. 하반기(7월~12월)의 경우 익년의 전망서나 계획을 포함한 경제경영서가 압도적

으로 판매량이 좋기 때문에 상황 요인이 많다. 따라서, 자유로운 독자의 선택을 파악하기 위해서는 상반기(1월~6월) 베스트셀러를 참조하는 것이 좋다.

16. '영화 〈부산행〉', 나무위키

17. 영화 '부산행', 명량도 제쳤다. 역대 최단기간 400만 돌파(2016.07.24.), 조선일보

18. 〈2015 메르스 백서〉, (2016.07.29.), 보건복지부

Chapter 1. 닫히는 사회, 멀어지는 타인

1. '대한민국은 보수화되고 있다', 유튜브 〈엠브레인TV〉, (2025.05.26.), https://www.youtube.com/watch?v=afdh-ZVm64k&t=1s

2. 위와 같은 자료

3. "부모 직업 묻다가 벌금 낼 수도"…기업이 놓치기 쉬운 채용절차법은?[율촌의 노동법 라운지] (2025.06.19.), 한국경제신문

4. '대한민국은 보수화되고 있다', 유튜브 〈엠브레인TV〉, (2025.05.26.), https://www.youtube.com/watch?v=afdh-ZVm64k&t=1s

5. "'보수-진보' 갈등, 10년째 한국 사회 가장 심각한 갈등 꼽혀"(2025.04.30.), 연합뉴스

6. '사회갈등' 수준 최근 6년 내 최고…진보·보수 갈등이 가장 심각(2025.03.03.), 경향신문

7. 'R의 공포' 국책기관 첫 0%대…KDI 올해 성장 전망 0.8%로 반토막(2025.05.14.), 연합뉴스

8. IMF, 올 한국 성장률 1.0%→0.8%로 하향…"1분기 역성장 탓"(2025.07.30.), 한겨레

9. 《2025 트렌드 모니터》, 최인수, 윤덕환, 채선애, 이진아, 최다솔(2024.10.), 시크릿하우스

10. '집회 트렌드가 바뀌고 있다', 유튜브 〈엠브레인TV〉, (2025.01.21.), https://www.youtube.com/watch?v=mRLy4iaC2T0

11. '노이즈 캔슬링 전성시대', 유튜브 〈엠브레인TV〉, (2025.03.11.), https://www.youtube.com/watch?v=a0c6iUcpL50

12. 위와 같은 자료
13. 위와 같은 자료
14. '국가는 중산층이 욕망하는 곳으로 움직인다', 유튜브 〈엠브레인TV〉, (2025.04. 15.), https://www.youtube.com/watch?v=JbO1y5R9JBY

Chapter 2. 정서 동반자 시대: 외로움이 만드는 AI 혁명

1. "혼자 지내다 죽을 수도 있잖아요"…대세가 된 1인 가구 시대, 유언장 미리 쓰기가 뜬다(2025.05.06.), 매일경제
2. 유언장 작성 1%도 안 돼…세액공제로 활성화하자(2025.04.13.), 이데일리
3. 유언장 쓰고 수의 입은 채 임종 체험까지…이용자 절반이 'MZ세대'(2024.11.10.), 아시아경제
4. 연명의료결정제도 현황 및 과제(2024.10.), 보건복지포럼, 한국보건사회연구원
5. 통계를 통해 알아보는 사전연명의료의향서(2025.04.08.), 국립연명의료기관(홍보 콘텐츠), https://www.lst.go.kr/comm/cardDetail.do?bno=5320
6. 10명 중 6명 "부모 부양은 개인의 선택"…이제는 '셀프 노후' 시대?(2025.08.05.), 베이비뉴스
7. 경제 활동하는 고령층 1000만 명 돌파…10명 중 7명 "계속 일해야"(2025.08.06.), 디지털타임스
8. WHO "외로움은 보건 위협…담배보다 해로워"(2023.11.20.), 조선일보
9. "외로움, 줄담배만큼 건강에 나빠"…WHO, '세계 보건 위협' 지정(2023.11.17.), 연합뉴스
10. "외로우면 치매 잘 걸린다" 대규모 연구 결과(2018.10.30.), 헬스조선
11. "어쩌다 느끼는 외로움도 건강 해칠 수 있어"(2024.06.15.), 코메디닷컴
12. 뇌도 공격하는 만성 외로움…날 도와줄 친구 없다? 의외 방법(2022.04.18.), 중앙일보
13. '이 감정' 느끼는 사람, 자살 생각 최대 5배 많이 해(2023.09.05.), 헬스조선

14. "너무 외롭다" 외로움 큰 사람 뇌 보니…'이곳' 줄어 직감력 낮다(2024.11.18.), 코메디닷컴
15. 불안과 우울, 외로움이 키운 '질병'…세계 경제 年 1조 달러 갉아먹는다(2022.01.03.), 서울신문
16. 사회를 위협하는 전염병 '외로움'…그 원인은?(2024.03.22.), 미디어한남
17. 이대로 가면 국가도 흔들린다…경제 손실만 11조 원 이상(2024.05.11.), 아시아경제
18. 엠브레인 트렌드모니터 사이트 자료, https://www.trendmonitor.co.kr/tmweb/trend/allTrend/detail.do?bldx=3240&code=0404&trendType=CKOREA
19. Consumer loneliness: A systematic review and research agenda(2023.01.20.), Shanshan Huang, Mingfei Li, frontiers in Psychology
20. 1인 가구의 외로움과 사회적 고립 및 정신건강 문제의 특성과 유형: 서울시 1인 가구를 중심으로(2022.12.), 보건사회연구. Vol.42, No.4, pp.127-141
21. 위와 같은 자료
22. 국내 1인 가구 800만 돌파…700만 넘은 지 3년만, 소형 가전-소용량 식품 인기 등 트렌드도 바뀌어(2025.06.19.), 조선일보
23. 1인 가구 42% 시대, 서울의 새로운 도시 생태계를 말하다(2025.01.09.), 열린뉴스통신
24. https://www.acuitykp.com/blog/south-korea-retail-market-2025/
25. https://www.interad.com/en/insights/south-korean-digital-marketing-trends
26. https://www.ipsos.com/sites/default/files/ct/publication/documents/2025-04/ipsos-flair-south-korea-2025-en.pdf
27. https://www.reddit.com/r/AsianBeauty/comments/173qamd/what_skincare_is_popular_in_south_korea/
28. https://www.exportincite.com/news/why-brands-should-consider-entering-the-south-korean-market-in-2025
29. 한국의 사회동향 2024(2024), 하상응(서강대), 통계청 국가통계연구원, p. 318
30. 일본 친구 대여 서비스 "1시간에 5만원…신체 접촉은 안돼요!(2013.10.28.), 스포츠동아
31. "3만원 받고 '할머니' 빌려드립니다"…일본서 유행한다는 이 서비스는?(2025.07.

14.), 매일경제
32. 혼자가 아닙니다. 함께 나누면 치유가 시작됩니다.(2025.07.15), 경기도뉴스포털
33. 러닝크루? 리딩크루도 있다…"맥락 있는 삶을 위하여"(2024.12.22.), 경향신문
34. '외로움·우울감 처방전' 1인 가구 맞춤형 멘토링… 2025년 1천 명 지원(2025. 04.29.) 서울시 홍보자료/가족소식

Chapter 3. 분노의 상업화, AI가 편집한 맞춤 세상

1. '저주 인형'의 등장…증오와 갈등 만연하다는 방증이라는데(2025.03.13.), 국민일보
2. "못으로 고정 후 불 태워야"…'저주 인형' 사용법에 누리꾼 경악(2025.03.10.), 아시아경제
3. 위와 같은 자료
4. '무속과 점술에 열광하는 이유', 유튜브 〈엠브레인TV〉, (2025.05.20.), https://www.youtube.com/watch?v=tBULKFDPXtM&t=4s
5. "눈알 젤리는 불법입니다"…'문방구의 저승사자' 아세요?(2023.12.17.), 뉴시스
6. 학교서 돌연 쓰러져 숨진 초등생…목에 '먹방 젤리' 껴있었다(2025.02.26.), 중앙일보
7. 2살 전부터 폰…"눈알 젤리" 중얼중얼, 친구 감정은 못 읽는 교실(2024.01.15.), 한겨레
8. 2025 인간관계 스트레스 인식 조사(2025.05.27.), 피엠아이기획조사, https://pmirnc.com/bbs/board.php?bo_table=blog&wr_id=33
9. 돈 내고 물건 때리고 부수는 '스트레스 해소방'을 아시나요(2017.06.12.), 세계일보
10. 사주에서 AI까지 불안한 일상 속 '점술'의 귀환(2025.04.), 엠브레인 트렌드모니터, https://www.trendmonitor.co.kr/tmweb/trend/allTrend/detail.do?bIdx=3239&code=0401&trendType=CKOREA
11. '무속과 점술에 열광하는 이유', 유튜브 〈엠브레인TV〉, (2025.05.20.), https://www.youtube.com/watch?v=tBULKFDPXtM&t=4s
12. "너에게 갈게" 숨진 소년…"AI와 오랜 대화, 외로움 커져"(2025.05.07.), YTN 사

이언스
13. AI와 연애 말린 부모에 주먹질…전 세계서 '과몰입' 부작용 속출(2025.07.18.), JTBC
14. "사람인 줄 알았는데"…내가 선택한 남자친구가 AI라고?(2025.04.14.), 이투데이
15. 일본 NHK 다큐멘터리의 'AI 연인 서비스' 이용자 인터뷰(2024)/'AI와 디지털 지식창고' 블로그(https://news0147.tistory.com/487)에서 재인용
16. 극단선택·과대망상 부추기는 AI 챗봇(2025.08.27.), 매일경제

Chapter 4. 효율적 과시소비, 일상으로 스며든 AI 경제 습관

1. '속도 내는 인공지능 일상화: AI 여행 플래너'(2025.08.), 이코노미 인사이트(Vol. 184)
2. "몰디브 대신 이시가키"…고물가·경기불황에 '듀프 여행' 뜬다(2025.08.12.), 한국경제
3. "몰디브 대신 여기 어때?" 이젠 여행도 '듀프 시대' 합리적 선택 선도(2025.07. 13.), 파이낸셜뉴스
4. KDI 경제 전망/수정, 2025년 8월, https://www.kdi.re.kr/research/economy
5. 산업연구원, 2025년 한국 경제성장률 1.0%로 '뚝'…위기의 징후인가?(2025.05.27.), 인천광역시 웹진MOO
6. 경제주평(2025.04.30.), 현대경제연구원 25-07(통권 986호)
7. [구독경제 시대]① 2025년 시장 규모 100조 전망…국내 지형도는(2023.03.25.), 뉴시스
8. 최근 소비자 구독 서비스 이용실태(2025.02.19.), 대한상공회의소 보도자료
9. "AI 기술로 승부"…패션 플랫폼, '개인화 추천'으로 고객 경험 개선(2025.01.21.), 청년일보

Chapter 5. 앙가주망, 개입과 실천으로 증명하는 자기 정체성

1. 2025년 콘텐츠산업 전망, 이용관(2025.3+4), 출판탐구(〈출판N〉 vol.58)
2. 2023년 출판시장 통계−71개 출판기업 및 서점을 통해 본 2023년 출판시장 동향 분석 보고서(2024.04.), 대한출판문화협회
3. 상반기 가장 많이 팔린 책은?…교보는 '한강', 예스24는 '이재명'(2025.06.09.), 경향신문
4. 2025년 상반기는 2024년 12월 3일 이후 이어진 계엄, 탄핵, 선거 이슈가 대중적 관심의 블랙홀로 작용했기 때문에, 책에 대한 자유로운 선택은 어려웠을 것으로 판단하고 제외했다.
5. 2025 아르코미술관 기획초대전 〈안티−셀프: 나에 반하여〉(2025.08.22.~10.26.), https://www.arko.or.kr/artcenter/board/view/506?bid=266&cid=716485
6. 몰입, 예술의 새로운 흐름(2025.08.11.), 객석
7. 현대차, 국제광고제 '칸 라이언즈' 5관왕 달성…은사자상 추가(2025.06.22.), 연합뉴스
8. '숏폼은 재미로, 롱폼은 의미로!' 유튜브 〈엠브레인TV〉, (2025.08.05.), https://www.youtube.com/watch?v=DPEPJzmZKC0&t=12s
9. '폭싹 속았수다', 나무위키

Chapter 6. 언보싱−리더포비아: 리더 없는 조직과 피드백 절벽 시대

1. 직장인 10명 중 4명 내년 목표 1순위로 승진 꼽아(2015.12.27.), 머니투데이
2. "승진이요? 괜찮습니다"…2030 리더 기피, 왜?(2025.05.20.), 동아일보
3. 자기결정성 이론(Self−Determination Theory)과 현장적용 연구, 김아영(2010.09.), 교육심리연구 제24권 제3호
4. 《우리는 왜 성공할수록 불안해할까》, 밸러리 영 저, 강성희 역(2024.11.), 갈매나무
5. 직장인 설문, '급여·워라밸'이 가장 중요해(2025.04.30.), 뉴스에이,

일을 통해 추구하는 가치 2위는 '워라밸', 1위는?(2022.11.15.), 잡코리아,
"일과 삶 분리·균형 중요"…직장인 60% 이상 '워라밸' 추구 (2021.04.04.), 뉴스1

6. '젊은 당뇨병 환자' 늘고 있어 비상…유병 기간 길면 합병증 위험 더 커져(2025. 01.07.), 헬스로그

7. 세대불문 건강 루틴 '혈당 관리'에서 '저속노화'까지(2025.04.14.), 뉴시안

8. 위와 같은 기사에 보도된 엠브레인 조사 자료

9. '20대의 슬기로운 혈당 관리' 유튜브 〈엠브레인TV〉, (2025.04.29.), https://www.youtube.com/watch?v=Qk5amC0noqc&t=14s

10. Research: Gen AI Makes People More Productive—and Less Motivated (2025.05.13.), HBR

11. 1 in 5 Employees Worldwide Feel Lonely(2024.06.11.), Gallup, https://www.gallup.com/workplace/645566/employees-worldwide-feel-lonely.aspx

12. 중간 관리자, 새로운 타깃 됐다…AI 발 빅테크 대량 해고(2025.06.19.), 중앙일보

13. How 'The Great Flattening Trend' Could Affect Your Workplace (2025.01.24.), Forbes

14. MS 6000명, 메타 3600명…AI가 일으킨 해고 칼바람(2025.05.15.), 조선일보

15. 최소 인력으로 최대 성과…인텔, 조직 슬림화·4일 출근제 도입(2025.04.28.), 디지털투데이

16. AI 등장에 파리목숨 된 중간관리자…"아마존 1.4만 명 해고"(2024.12.16.), 한경글로벌마켓

17. "과장·차장은 멸종위기종"…기업 '칼바람' 불어닥친다(2024.12.16.), 한경글로벌마켓

18. Meta's New Layoff Plan Causes Chaos(2023.02.13.), Washington Post, https://wp.nyu.edu/upandcoming/2023/02/13/metas-new-layoff-plan-causes-chaos/

19. 카페인+L-테아닌의 조합이 대표적인데, 이 조합은 주의 전환 과제 정확도·주의력·반응속도 개선이 보고되어 가장 널리 쓰이는 조합으로 확립되어 있다고 알려져 있다. 하지만, 안전성 여부에 대한 우려도 동시에 존재한다.(출처: Acta Scientific NUTRITIONAL HEALTH (ISSN:2582-1423) / 2024.07 vol 8. Issue 7)

Chapter 7. AI 우선주의: 생산성 혁명과 인간 경쟁력 재발견

1. 제3회 워크 스마트 포럼 발표 자료(조직 성공의 열쇠, 협업)(2018.08.), 혁신24/협업정책과, (실제로 열렸던 회의다.)
2. 위의 공개된 자료를 AI를 활용해 소설처럼 재구성했다.
3. 한국 젊은 직장인 80% "업무 중 일 막히면 AI부터 찾아"(2024.08.27.), 연합뉴스
4. AI의 빠른 확산과 생산성 효과: 가계조사를 바탕으로(2025.08.18.), 한국은행, BOK 이슈노트, 제 2025-22호
5. 위와 같은 자료
6. 위와 같은 자료
7. 위와 같은 자료
8. 위와 같은 자료
9. [나우앤서베이 설문] '직장인의 AI 활용 실태와 인식 조사' 결과 공개(2025.05.23.), 나우앤서베이
10. 위와 같은 자료
11. 위와 같은 자료
12. "업무 시간 확 줄어드네"…직장인 10중 7명 '엄지척'(2025.05.26.), 한국경제

참고도서

- 직접인용은 아니지만 내용과 아이디어를 참고한 책들입니다.
- 숫자, 가나다순입니다.

- 《10대의 뇌》 프랜시스 젠슨, 에이미 엘리스 넛 저, 김성훈 역(2018.12), 웅진지식하우스
- 《2016 대한민국 트렌드》 최인수, 윤덕환, 채선애, 송으뜸(2015.11), 한국경제신문
- 《2017 대한민국 트렌드》 최인수, 윤덕환, 채선애, 송으뜸, 김윤미(2016.10), 한국경제신문
- 《2018 대한민국 트렌드》 최인수, 윤덕환, 채선애, 송으뜸, 김윤미(2017.11), 한국경제신문
- 《2019 대한민국 트렌드》 최인수, 윤덕환, 채선애, 송으뜸, 김윤미(2018.11), 한국경제신문
- 《2020 트렌드 모니터》 최인수, 윤덕환, 채선애, 송으뜸(2019.10), 시크릿하우스
- 《2021 트렌드 모니터》 최인수, 윤덕환, 채선애, 송으뜸(2020.10), 시크릿하우스
- 《2022 트렌드 모니터》 최인수, 윤덕환, 채선애, 송으뜸, 이진아(2021.11), 시크릿하우스
- 《2023 트렌드 모니터》 최인수, 윤덕환, 채선애, 송으뜸, 이진아(2022.10), 시크릿하우스
- 《2024 트렌드 모니터》 최인수, 윤덕환, 채선애, 송으뜸, 이진아(2023.10), 시크릿하우스
- 《2025 트렌드 모니터》 최인수, 윤덕환, 채선애, 송으뜸, 이진아, 최다솔(2024.10), 시크릿하우스
- 《29인의 미래학자가 말하는 다가오는 미래》 제임스 데이터 저, 우태정 역(2008.01), 예문
- 《가짜 결핍》 마이클 이스터 저, 김재경 역(2025.06), 부키
- 《감정은 어떻게 만들어지는가?》 리사 펠드먼 배럿 저, 최호영 역(2018.11), 생각연구소

- 《결핍의 경제학》 센딜 멀레이너선, 엘다 샤퍼 저, 이경식 역(2014.03), 알에이치코리아
- 《경험의 멸종》 크리스틴 로젠 저, 이영래 역(2025.05), 어크로스
- 《고립의 시대》 노리나 허츠 저, 홍정인 역(2021.11), 웅진지식하우스
- 《넥서스》 유발 하라리 저, 김명주 역(2024.10), 김영사
- 《단 한 번의 삶》 김영하(2025.04), 복복서가
- 《듀얼 브레인》 이선 몰릭 저, 신동숙 역(2025.03), 상상스퀘어
- 《먼저 온 미래》 장강명(2025.06.), 동아시아
- 《미래를 읽는 기술》 이동우(2018.02), 비즈니스북스
- 《박태웅의 AI 강의 2025》 박태웅(2024.09), 한빛비즈
- 《불안 세대》 조너선 하이트 저, 이충호 역(2024.07), 웅진지식하우스
- 《슈퍼 예측, 그들은 어떻게 미래를 보았는가》 필립 E. 태틀록, 댄 가드너 저, 이경남 역(2017.06), 알키
- 《언카피어블》 짐 매켈비 저, 정지현 역(2020.11), 리더스북
- 《우리는 다시 연결되어야 한다》 비벡 H. 머시 저, 이주영 역(2020.07), 한국경제신문
- 《유한계급론》 소스타인 베블런 저, 박홍규 역(2024.07), 문예출판사
- 《이토록 뜻밖의 뇌과학》 리사 펠드먼 배럿 저, 변지영 역(2021.08), 더퀘스트
- 《일상적이지만 절대적인 뇌과학지식 50》 모헤브 코스탄디 저, 박인용 역(2016.03), 반니
- 《외로움을 소비하는 사회》 이완정, 박규상(2025.07), 더디퍼런스
- 《외로워지는 사람들》 셰리 터클 저, 이은주 역(2012.06), 청림출판
- 《적절한 좌절》 김경일, 류한욱(2025.05), 저녁달
- 《존재의 심리학》 아브라함 H. 매슬로 저, 정태연, 노현정 역(2012.05), 문예출판사
- 《혼모노》 성해나(2025.03), 창비
- 《행동은 불안을 이긴다》 롭 다이얼 저, 박영준 역(2025.04), 서삼독

2026 대중의 결핍 코드
외로운 개인 동반자 AI

2026 대중의 결핍 코드
외로운 개인 동반자 AI

초판 1쇄 인쇄 | 2025년 11월 3일
초판 1쇄 발행 | 2025년 11월 10일

지은이	윤덕환
펴낸이	전준석
펴낸곳	시크릿하우스
주소	서울시 마포구 월드컵북로 400 서울경제진흥원 5층 23호
대표전화	02-3153-1355
팩스	02-3153-1356
이메일	secret@jstone.biz
블로그	blog.naver.com/jstone2018
페이스북	@secrethouse2018
인스타그램	@secrethouse_book
출판등록	2018년 10월 1일 제2019-000001호

© 윤덕환, 2025

ISBN 979-11-94522-25-6 03320

- 이 책은 저작권법에 따라 보호받는 저작물이므로 무단전재와 무단복제를 금지하며, 이 책의 전부 또는 일부를 이용하려면 반드시 저작권자와 시크릿하우스의 서면 동의를 받아야 합니다.
- 값은 뒤표지에 있습니다. 잘못된 책은 구입처에서 바꿔드립니다.